世界上最难回答的问题

世界上最难回答的问题

世界上
最难回答的问题

周瑞 编译

光明日报出版社

图书在版编目（CIP）数据

世界上最难回答的问题 / 周瑞编译 . —— 北京：光明日报出版社，2012.6
（2025.4 重印）

ISBN 978-7-5112-2385-2

Ⅰ . ①世… Ⅱ . ①周… Ⅲ . ①科学知识—普及读物 Ⅳ . ① Z228

中国国家版本馆 CIP 数据核字 (2012) 第 076569 号

世界上最难回答的问题

SHIJIE SHANG ZUINAN HUIDA DE WENTI

编　译：周　瑞

责任编辑：李　娟　　　　　　　　　　责任校对：华　胜
封面设计：玥婷设计　　　　　　　　　　责任印制：曹　净

出版发行：光明日报出版社

地　　址：北京市西城区永安路 106 号，100050

电　　话：010-63169890（咨询），010-63131930（邮购）

传　　真：010-63131930

网　　址：http://book.gmw.cn

E - mail：gmrbcbs@gmw.cn

法律顾问：北京市兰台律师事务所龚柳方律师

印　　刷：三河市嵩川印刷有限公司

装　　订：三河市嵩川印刷有限公司

本书如有破损、缺页、装订错误，请与本社联系调换，电话：010-63131930

开　本：170mm×240mm

字　数：195 千字　　　　　　　　　印　张：12

版　次：2012 年 6 月第 1 版　　　　　印　次：2025 年 4 月第 4 次印刷

书　号：ISBN 978-7-5112-2385-2-02

定　价：39.80 元

前 言
PREFACE

　　如果我们掉进黑洞会发生什么事？能根据古老的ＤＮＡ使恐龙复活吗？从鳄鱼的背上跑过有没有可能？强力胶为什么不会粘到自己的管内壁上呢？为什么我们尴尬的时候会脸红？走路的动作需要思考吗……你是不是会被自己孩子诸如此类的问题问倒呢？如果真是这样，你应该感到高兴，因为教育专家研究发现，那些好奇心强，喜欢提问的孩子通常比同龄人有更出众的观察能力和思考能力。这些问题的答案或富含丰富的科学文化知识，或蕴含大自然的神奇奥秘，或标示人类社会发展中的一个里程碑……寻求答案，揭开谜底的过程，也是孩子探究世界的过程！作为家长和老师，不仅要及时、准确地解答孩子提出的问题，讲解其中的原理，更应该鼓励和启发孩子多动脑，善于发现问题，并积极地想办法解答问题。

　　《世界上最难回答的问题》就是这样一本开启孩子智慧的互动式科普书。通过提出千奇百怪的问题来引导孩子积极思考，激发孩子的好奇心和求知欲；同时又给出通俗易懂的原理分析，帮助孩子开阔视野，触类旁通。本书所选的问题是孩子时常问及又很难回答的科学问题，同时也是各科学领域中最令人感兴趣、最富探索意义和最具代表性的主题，涉及宇宙的秘密、奇妙的世界、你的身体、房间里的秘密、数字问题、大脑风暴等 11 部分，体现了孩子眼中的世界、思考问题的方式。对于这些关于宇宙、地球、生物世界、物理现象、生理与心理等诸多问题蕴含的原理，本书运用生动的语言进行了科学而详细的阐述，帮助孩子们在探究他们感兴趣的科学问题时，拓宽知识面，理解原本深奥、抽象的科学理论。

让孩子们在快乐阅读中轻松掌握科学知识，激发孩子们的想象力和创造力，就从《世界上最难回答的问题》开始吧！

目录
CONTENTS

第1章 宇宙的秘密

第 2 章　猫、狗和野生动物们

第 3 章 鸟、蜜蜂和爬行动物们

第4章 奇妙的物质世界

第5章 真的是眼见为实吗？

第6章 了解你的身体

第7章 房间里的秘密

第8章 怎么会有那样的感觉？

第9章 数字问题

第10章 你能否解释

第 11 章　大脑风暴

宇宙的秘密

原子是什么样子的?

　　这是一个很难说清楚的问题，因为原子小到即使用上最先进的显微镜也没办法看到的地步。但是科学家们现在使用的一种新型的显微镜可以做出原子的图像：这种仪器仍然不能看到原子，但是它可以感应到原子，它的原理就像你将手靠近但没有真正接触到电视机的显示屏时所感受到的感觉那样。这就是复杂的纳米技术。不过，即使精巧到如此地步，仍然不能让你看到哪怕是一个原子。如果有这个可能的话，你会发现有一个很小的核处于原子的中心，它叫作原子核，是由一些叫质子和中子的微粒组成的。质子和中子有着大致相等的质量。质子带一个正电荷，中子不带电。

　　氢是在宇宙大爆炸时被创造出来的第一个原子，由夸克（一种比原子更小的基本粒子）和电子组成。有关宇宙形成的大爆炸论的内容很庞大，其中有许多精彩的见解。不过简单说来，在 150 亿年前，宇宙的内部物质开始不断地聚集浓缩，最终聚集到一个极高密度和温度的状态，而后一次爆炸使它发生膨胀，释放能量，这种膨胀直到今天仍在继续。

手臂为什么不能穿过桌子?

　　我们身边的一切都是由原子构成的——甚至包括我们所呼吸的空气。和我们呼吸的空气有所不同的是，桌子也是由原子以非常紧密的方式结合而成的。所以，你可以将你的手穿过空气——实质上就是把那里的原子推开——但你不能让你的手穿过桌子，因为组成桌子的原子无法被你推开。这就像你试图走过一个填满了 100000 个网球的网球场和走过一个只有 100 个网球的网球场一样，结果是不同的：你根本没办法穿过填满了 100000

3

个网球的网球场。但空隙不是唯一的因素，是强大的压力使原子能够结合在一起，从而导致你的手不能穿过桌子。这不是原子内的空隙阻止了你，而是压力把原子结合起来，使你的手移动不了原子。

NO.03

宇宙能装进火柴盒吗？

这也许是你经常听到的传言之一。我可以清楚地告诉你这不是真的，但假如我们能做个计算的话，那结果会更清晰。这不是一个准确的计算结果，不过在判断"宇宙在一个火柴盒里"这个理论是否有任何真实性上，它可以给我们一些提示。

这是它的算法：

（1）我们需要知道一个原子内部的那一点儿东西将占据多少空间。为简单起见，让我们假设宇宙中只有氢原子，这样我们只需要计算一个质子的体积和一个电子的体积。假设质子和电子都是球体，它们的体积可以按照这样的公式计算：$V = 4/3\pi r^3$

电子的体积：

半径大约是：2.82×10^{-15}m

算得体积大约是：1×10^{-43}m^3

质子的体积：

半径大约是：1×10^{-15}m

算得体积大约是：2×10^{-44}m^3

这说明质子和电子的总体积大约是 1×10^{-43}m^3

（2）现在我们需要知道火柴盒的体积，它大约是 3×10^{-5}m^3

（3）下一步就是计算出多少原子可以填满一个火柴盒。这可以由火柴盒的体积（$3 \times 10^{-5} m^3$）除以原子的体积（$1 \times 10^{-43} m^3$）计算得出，结果是 3×10^{38} 个原子。

（4）最后一步就是将这个数据和宇宙中原子的数量进行比较。有两种方法可以推断出宇宙中原子的数量。据推测，宇宙中大概有 1×10^{20} 个星球。那每个星球中有多少个原子呢？即便我们可以做出另一个猜想，那也是不可能确定的。不过让我们假定太阳是一个标准的星球并且完全是由氢原子组成。太阳的质量是 2×10^{30} 千克。氢原子的质量是 17×10^{-27} 千克。将它们相除得到太阳中的原子数量是 12×10^{57} 个。现在乘以宇宙中星球的数量就可以得到：宇宙中原子的数量是 1×10^{77} 个。

用另一种方法考察，可以观察到的宇宙的质量是 1×10^{52} 千克。我们认为那大概是整个宇宙总质量的 90%，所以宇宙的总重是 1×10^{53} 千克。将它除以氢原子的质量（宇宙中绝大多数是氢原子）得到原子的数量是 1×10^{79} 个。

这两个答案的相似度已经足以证明它们都是较准确的，所以我们将这个有根据的推断作为宇宙中原子的数量。

（5）比较第 3 条和第 4 条的答案，它清楚的说明即使宇宙中的所有原子都和氢原子一样大也不可能装进一个火柴盒。更何况很多原子比氢原子要大得多，那装满火柴盒的原子数目比第 3 条的计算结果还要小。

如果宇宙中的所有原子都是由一个电子和一个中子组成，而且没有其他的空隙，那它们要占据多大的体积呢？这可以由第 4 条的答案和第 1 条的答案相乘计算得出：

$$1 \times 10^{79} \times 1 \times 10^{-43} = 1 \times 10^{36} m^3$$

这真是一个巨大的火柴盒啊！

NO.04

时间是什么？

你想得到一个唯心主义的答案还是一个唯物主义的答案呢？我猜想是后者，而在这种情况下，你需要做好同爱因斯坦（那个建立了相对论的20世纪重要的科学思想家）的理论相对抗的准备。

依照爱因斯坦的理论，时间和空间是密切联系在一起的，他指出，询问一个事件何时发生与询问这个事件何地发生在本质上是相同的。他认为我们不能将这个世界区分成时间和空间。而事实上，时间和空间都是某种东西——我们称之为时空——的一部分。时空有四元：3个确定空间，1个确定时间。当你行走的时候，你在穿过时空；当你静止的时候，你仍然在穿过时空（因为时间在流逝）。我们感受到的时间是在时空中的时间元中前进的结果。时间是真的有另一个纬度的，不同之处是在另外三元中，我们可以选择我们想要去旅行的方向，但时间却仅有一个方向，即只能前进。

NO.05

时间从何时开始，之前是什么情形？

假如你相信宇宙大爆炸理论，那么爆炸的那一刻便是时间开始的时刻。如果你能计算一下，你会说时间开始于大约150亿年前。根据爆炸理论，所有的物质、空间、能量和时间都在被称为奇点的那一时刻被创造出来。在这个点T（时间）= 0。为了回答在大爆炸前是什么情形这个棘手的问题，宇宙论者采用了一种不负责任的方式来解决这个问题，即他们称这个问题没有意义。按照这种解释，他们将不必给你一个答案。他们辩称T不能是一个负数，因为时间不可能是负数，所以没有必要探求在T = 0之前是什么情形。一个有用的类推法是想象你处在北极，却询问"往北走是哪条路"，这个问题是毫无意义的。

<u>NO.06</u>

地球引力和物体间的引力来自哪里？

地球具有引力的主要原因是什么？为什么在两个物体之间有吸引力？

牛顿先生在 17 世纪第一次系统地阐述了万有引力定律：两个物体会互相吸引，这个吸引力与它们的距离和它们的质量有关。这是那些通过观察和实验所得到的定律中的一条。关于究竟是什么产生的吸引力，在当时似乎没有太多的思路能解决这个问题。

一切必须等到爱因斯坦在 20 世纪把他的注意力转移到地球引力上。他把地球引力等同于一个物体加速度，并提出光在引力场内会发生弯曲。因为光没有质量，牛顿的理论不能解释这种弯曲现象。爱因斯坦的伟大贡献就是阐述了时空实际上会由于质量而发生弯曲。设想一个重的球体放在一个非常大的橡胶板上——在物体附近的空间就会弯曲即下陷，而更远一些的将保持适当的平整。仅仅当光接近于这个大质量的物体时，它的轨道才有可能会有所偏移。实验已经证明光在接近一个物体时确实会根据时空曲线而发生弯曲。但那仍不是关于地球引力到底是什么的真正答案，目前仍然没有人能提出一个让我们详细描述它的理论。

牛顿

NO.07
是什么使太阳系中的行星在旋转？

众所周知，太阳系中的行星都在围绕太阳旋转，但它们开始旋转的起点在哪里？是什么促使它们不停地运动呢？

要回答这个问题，必须追溯到太阳系的形成。太阳系是气体和尘埃在重力的影响下慢慢聚集形成的一个巨大的球体后爆发而成的。当尘埃聚集时，粒子互相撞击，球体中央变得越来越热，直到它变得足够热，最终形成了一个我们现在称之为太阳的物体。随着温度的升高，太阳达到了一个临点，它变成了"导体"，就像火突然燃烧起来一样。这一燃烧导致了气体和尘埃脱离了太阳而形成了行星的最基本的物质结构。

现在对于旋转，有一条运动定律叫作"角动量守恒定律"，它描述的是当某些东西逐渐变小时，它会旋转得越来越快。这就是为什么溜冰者环抱双臂紧贴身体使身体变小时，速度会加快。这同样适用于尘埃和气体：任何正在旋转的物体，当它的体积逐渐减少时，旋转都会越来越快。当物体旋转时，离心力会把中部推开，把顶部拉回来。这发生在一个球体身上时，会最终使这个球体不再是一个球体，而是成为围绕着太阳旋转的圆盘。行星也来自于这个圆盘，这就是为什么它们都在固定的平面轨上道围着太阳转。

最初的气态球体不一定需要太多的旋转来产生我们今天看到的太阳系的轨道，尽管最初是什么造成的轨道我们仍不清楚。但宇宙中的物体如果有任何变化，一般都可能是在旋转。事实上，来自银河系的每个物体都在旋转。

NO.08

如果没有阻挡，光会消失吗？

理论上讲，如果不碰到任何东西，光将会继续向前传播，但这要求光必须在一个极尽完美的真空状态下传播，然而实际上这是不可能发生的。光是能量，如果没有出现任何东西使光的能量减少，那么光就会永远存在。

想象有一个光子，它来自于太阳发射出的光的一部分。即使它设法避开了所有的行星、小行星和彗星（换句话说就是整个太阳系中的所有大物体），但它可能恰好撞到了来自彗星上的一小块尘土，或飘浮在太空中的一个微小的氢原子，那么它就会失去能量。但有一些光子会在它们的旅途中幸存，然后直线前进直到进入你的眼睛，那就是这部分光的终点。而光所携带的能量会转化成电信号进入你的大脑，从而使你能看见光。

光子可能与飘荡在太空中的原子，或是与一个行星大气层中的原子，也有可能与一个如岩石一样的物体的原子相碰撞，其中的一些能量会发生反射——从而让我们能看到这些物体。

NO.09

你能听到宇宙大爆炸的巨响吗？

宇宙大爆炸会发出声响吗？如果你当时在场的话，有可能听到吗？

这当然是一个假设性的问题，它并没有一个完美的答案。那么就从理论上来考虑它，怎么样？声音是以振动的形式来传递的，它需要经由某些东西来传播。在大爆炸的那一刻，宇宙确实是在无限地聚集，但没有任何一个独立的部分可以作为传播声音的媒介，所以我猜想声音没有办法被传播出来。但如果你已经得到了一个更好的推测，那也有可能是正确的。

NO.10

以两倍光速的速度奔跑，有可能目睹宇宙的创始吗？

很抱歉，即使你的速度能达到光速的两倍，你也不得不明白这样一个事实，宇宙大爆炸创造的不仅仅是宇宙的物质，而且还包括了它内部的空间。是什么阻止我们回到宇宙形成之时呢？在大爆炸之后宇宙仍然是很小的，大概只有几米的直径。所以即使我们目睹了大爆炸的发生，并试着来到它的外面，我们也进不去，因为其内部空间还没有被创造出来。

NO.11

会不会有其他宇宙空间也发生了大爆炸？

这是没办法说清的。首先，宇宙扩张论是错综复杂的，并且经常被人曲解。宇宙并不是向空间内扩展——并不是好像有些什么东西在它之外而被扩展中的宇宙吞噬，而是空间自己在扩展。换种说法，宇宙中的两个物体之间的距离在逐渐拉大，但是物体并没有移动。这就是为什么你不能让两处宇宙大爆炸互相靠近的原因。

NO.12

宇宙之外没有任何东西吗？

类似的问题有的适合于科学家来解答，有的则适合于哲学家解答。这个问题很大程度上适合由后者来回答。从学术上讲，"宇宙"就意味着一切，并且不可能有任何其他的东西超出它的范围，所有的东西都是宇宙的一部分。我认为产生这样的疑惑是由于我们使用了宇宙这个词汇去描述我们能认知到的一切，事实上我们应该把它更精确地描述为"可见的宇宙"。当然，有很多东西在宇宙之外，可我们看不到，因为没有足够的时间让遥远星体中的光线传播到我们这里。宇宙存在大约有 150 亿年之久，所以我们能够了解到在 150 亿光年距离内的任何东西，因为这些星体中的光线可以传播到我们这里。宇宙还没有足够宽广到让在这个距离之外的其他东西中的光线触及我们。

关于我们所能了解的宇宙之外，在某些程度上说还只是猜测。我们能说出它可能是什么样子是因为即使我们看不到它，它也将会对我们产生影响。爱因斯坦的关于描述地心引力是怎样影响空间本身的"广义相对论"，在很大程度上仍然是描述我们宇宙的最好方式。这暗示了空间或许是无限的，或许是在闭合的。如果它是无限的，那它就不可能被包含在任何东西之内，因为它没有边界；如果它是闭合的，它就不会有一个真正的开始或者结束。这在三维立体中很难想象，不过你可以想象自己处于二维平面并且徘徊在一个球体表面附近。你可以后退前进，向左向右，但是你没有任何关于上下的概念。对你而言，除了那个球体的表面就没有什么其他事物了。因此，你就永远只能在这个球体附近徘徊，并且永远也到不了尽头。所以，对我们来说，我们的宇宙就是所有一切。

NO.13
宇宙膨胀成的空间里究竟有什么？

宇宙膨胀的空间是一片空白吗？如果你带着一个小盒子进入那个空间，打开盒子，然后再盖好带回地球，里面会有东西吗？

实际上，宇宙空间并不是绝对的真空。即使我们可以设法除去星际尘埃等等因素，在量子能级空间内也不是空的——它由移动着的那个明显属于宇宙引力场中的量子场组成。然而场是不能被装起来的，所以你的盒子里不会被装入什么东西。空间也不是我们所理解的真正的"纯距离"：它是我们给包含了所有星系的围绕物（接近真空）和描述宇宙引力场起的名字。仍然有一些问题我们没有充分的理解，所以"天体场"似乎是一个最好的术语。

NO.14

什么是黑洞？

黑洞是由大质量的恒星因为燃尽了维持它们燃烧的燃料而向自身内部坍塌形成的。

恒星是由气体组成的，它们通过将一种气体转变成另一种气体来工作——通常是氢聚合成氦，最终大部分氢形成了氦，然后氦再被转变成碳，而碳又变成了氧。所有的这些反应以光和热的形式释放能量，来使恒星发光发热。这些光和热维持了恒星的外形，并对抗使所有气体收缩的自身引力。

但是总会到燃料不足而无法燃烧的阶段，那时就轮到引力发挥作用了。如果恒星足够大（它必须超过太阳的3倍），它将向自身坍塌。如果中心物质的密度变得足够高，以至于它的引力足以阻止光的逃逸，那么它就变成了一个黑洞。

NO.15

宇宙中存在"黑洞"吗？

1783年，英国天文学家约翰·米歇尔指出：一个质量足够大的恒星会有非常强大的引力场，以至于连光线都不能逃逸出来。几年之后法国数学家和哲学家皮埃尔·拉普拉斯得出了同样的结论。然后，爱

因斯坦在 1915 年提出了广义相对论，那之后黑洞被当成一个真实的物体就成为可能。1967 年约翰·惠勒创造了黑洞这个术语。

没有任何绝对的证据能证明有黑洞存在，但是有它们存在的"痕迹"。第一个被"发现"的黑洞是在 1971 年发现的天鹅座 X-1。虽然没有人敢肯定那是一个黑洞，但到现在很少有人怀疑它。

NO.16
光为什么不能从黑洞中逃脱？

如果你完全坚守着牛顿的万有引力，那么解释黑洞这个问题就变得非常困难了。我们在日常的活动中如玩撞球或掷球时，牛顿定律被使用得很好——甚至连火箭发射都是遵循牛顿定律的。但是当它面对向黑洞这样复杂的问题时，你不得不开始考虑是什么引力在空间中起作用。这就是爱因斯坦在 20 世纪早期所研究的问题。他的引力理论认为引力影响着一个叫作时空的由时间和空间组成的组合体。爱因斯坦认为引力扭曲了时空，以至于光不能沿着直线前进。从 A 点到 B 点之间直线运行是最快的方式，除非它沿的并不是直线。

这将帮助你去理解如下问题：你也许会认为从伦敦到加拿大西海岸的温哥华最便捷的方式就是沿着直线飞越过太平洋，但实际并不是这样。它们会先向北飞向苏格兰，然后穿越格陵兰的上方，因为这才是最直接并且最短的航程，虽然它看起来并不是。这个世界在我们的视界里就是一个平面——我们使用的所有地图都是平的——所以看起来直线穿越大海好像是最短的路线。但是如果你看着一个地球仪——这个世界的真实模拟物，你会很容易发现最短的路线是穿越过格陵兰的一个大圆弧。

这同样适用于时空。在我们看来太空是一个平面，而且这个观点被广泛接受，即使是对我们最想做的事即登上月球也是如此。但是，一旦我们开始讨论太空中引力非常强的那些地方——例如黑洞——我们就不得不开始考虑时空中引力的作用。想象这里有一张划有一条直线的蹦床，如果你将一包很重的马铃薯放在它的中间，蹦床将向中间陷下去，而这条直线也不再是直的。这时如果你将一个弹球从蹦床的一头滚到另一头，在蹦床上它不会沿着一条直线前进，而是会在蹦床上曲线前进。而那就是时空和光线之间发生的事。引力扭曲了时空，而光跟随着已经被引力弯曲的直线穿越时空。黑洞将时空扭曲得太厉害以至于直线实际上已经被弯曲成一个圆，而光就沿着圆形轨道不停地旋转，直至消失。所以说，光是无法从黑洞中逃脱的。

NO.17
如果我掉进黑洞中会发生什么事？

首先，你必须明白你再也出不来了。当你刚一接近黑洞时，你根本不会有什么感觉。就像绕地球轨道运行的太空人，你将处于"自由落体"状态，并且你身体的每一个部分都将处在同一个重力的影响下——你会感觉到失重。但是，一旦你开始接近黑洞那巨大的引力场——大概距黑洞中心80万千米，你会感受到什么是所谓的黑洞潮汐力。如果你进入黑洞时碰巧是脚先下去，你的脚将会比你头感受到更大的拉力，而你会有被撕扯的感觉。当到你的身体快要发出"砰"的一声这个临界点时，一切将变得更糟，那就是你生命的终点了。

这将很可能发生在你穿过一个被称为黑洞边界的东西的时候。此时你必须要让你的运动速度和光速相等。所有的引力场都有一个脱离速度，在地球，这个速度就是火箭进入太空的速度。一旦你来到了黑洞边界，为了逃离，你需要跑得比光速还要快，而那是不可能的事。因此一旦你到了黑洞边界，如果不能跑得比光速还快，就再也出不来了。

NO.18

在黑洞中下落时会看到什么?

那时事物看起来会有一点歪,因为从远处物体上传过来的光会被巨大的引力场所弯曲。但是即使当你落入无法逃避的黑洞边界时,从黑洞内部仍然可以看到外面的光。当然,没有人能看见你,因为你这里光线没法从黑洞中逃逸——要这样做,你这里的光必须跑得比黑洞的光速快,这显然是不可能的。

你的旅程的下一站是到达黑洞的中心——"奇点"。你现在处在一个距离已经变成了时间的奇特世界,而要躲开它是不可能的,因为你所前往的不再是一个地点而是你未来的一个时间。你不可能逃离它,就像没有方法避免明天来临一样——不管你是否愿意,它都将到来。

NO.19

到达银河要多久?

其实你绝不可能到达银河。不能到达的原因并不是你会在达到旅程的终点之前就已经死亡,而是这个旅行本身就没有终点。今天最普及的理论是宇宙正在膨胀而且将永远继续膨胀下去,而由于这种膨胀,宇宙远方的星系看起来像是以一种非常接近于光速的速度向后退去。所以,以现代技术可能达到的速度(航天飞机的速度大概可以达到 28 000 千米／小时)你可能永远也追不到膨胀中宇宙的边界。这是一场你绝不会赢的赛跑。

可以这么说,宇宙实际上是没有可触及的边界的。就像很多观点所指出的,如果宇宙是弯曲的,那么它会自己向后折叠形成一个没有任何边缘的形状,就像地球的表面一样。如果你在地球沿着一个方向行进,最终你将会回到起点。这用于太空或许也是一样正确的——如果你沿着一个方向行进得足够远，你将回到你出发的地点。即使宇宙没有倾斜到自身向后折叠起来的程度，你仍然不能到达它的边界，因为宇宙是无限的。

让我们忘掉宇宙正在膨胀和宇宙的形状，坐上航天飞机并以 140 000 千米／小时的速度朝向我们所能看到最远的大概 100 亿光年或者说是 95×10^{21} 千米以外的物体飞去。令人沮丧的是，计算结果将告诉你，你的旅程时间将是 750 000 亿年。当看到这个结果的时候，请记住宇宙的年龄已经远远超过 150 亿年了。

NO.20
如何测量恒星和星系之间的距离？

首先，你必须了解一个叫作视差的效应。如果你在你的鼻子前举起一根手指，距鼻子大概 20 厘米远，然后交替睁开和闭上你的一只眼睛，这个手指看起来就像从一边跳到另一边。这是因为每一只眼睛给了你一个不同的视觉效果，并且你的两只眼睛之间存在着几厘米的间隔。

如果你知道两个极为重要的尺寸：你两眼之间的距离和你手指看起来跳动的角度，那么三角法会帮助你计算出你手指距眼睛有多远。

问题是这种方法对于观察近处的手指是适合的，但是对于观察更远的物体就不行了，远处物体呈现的动作是非常小的。如果你尝试对一个远处道路末端的灯柱这样做时，你会发现你根本不能察觉到灯柱的任何移动——它小到无法观察。所以，要增加视差，眼睛必须分得更开。天文学家利用这种效应在地球轨道的某一点做了一次观测，然后等地球绕其轨道运行到半圈（大概需要 6 个月）之前做第二次观测。知道这两个观测点之间的距离便可以得到的地球到太阳的距离，而且这个方法同样可以测算出几百光年以外恒星与地球之间的距离。

NO.21

太空中是否有很多垃圾？

因为大量人造物体的逐渐增加，事实上太空正变得相当拥挤，并且由于这些东西互相碰撞而造成了更多的碎片。做一个估测，太空中有 7 000 个大型的物体，大约位于 500~900 千米高的位置上。其中 2 000 个是仪表装置，但仅有大约 5% 在运行。还有 40 000 个小块和碎片是碰撞的产物或是火箭分解后的残留物。还要加上大约 300 万的微粒，可能是剥离的涂料或是尘埃，其中的一些可能会以 288 000 千米／小时——足以使国际空间站的窗子出现裂纹的速度前进。

NO.22

在太空中宇航员怎么称体重呢？

如果告诉你他们是通过摆动来做到这一点的，你会说我是在骗你，但这是真的。你要明白：体重对于身体来说是一种将其吸引到地球的力量。如果你将他带到没有地心引力的外太空，那么他确实什么也称不到。但是他们仍然有质量，因为质量是一个物体所包含的物质的数值的量度。当然，重力和质量是相关的：重力是质量和重力加速度的乘积，因此吸引产生的力越大，重量越大，而质量则没有改变。

17

在太空中称质量你必须使用一个靠地心引力独立工作的仪器——惯性秤。记住，你的惯性也是衡量你质量的一种方式，或者说你的"质量"越大，你移动起来就会越困难。所以宇航员将他们自己用皮带绑在摆动的仪器上，利用轻微向前向后摆动的惯性秤可以计算出需要多少力才能让他们动起来。由此，宇航员的质量就可以计算出来，并且也可以推算出他在地球上的重量。

NO.23

怎样在太空船里使用厕所？

太空船里的厕所就像一个普通的厕所，男女都适用，有一盏灯以便于阅读，并且在对着宇航员的位置有一扇窗户，通过它可以很方便地观察外面。让你感到不熟悉的就是各种皮带、脚控制带和安全带。

早期的太空服使用尿布和一次性袋子，但是现在它感觉起来和正常的厕所非常相似。主要的区别就是那里没有水冲。作为代替，固体物会被一股强烈的气流冲入一个隔离间，在那里将它们脱水、消毒、压缩，然后储藏起来，直到着陆后再做处理；液体则被释放到太空中然后蒸发掉。厕所里的空气经过清洁、过滤，达到一定条件后，会再被泵回船舱里。

还有一个更为先进的系统，当你使用厕所时，放置在马桶底部的塑料袋将固体和液体一起接住、密封，并一个接一个堆放起来。这个方法克服了脱水器的风扇由于接触到尿液而被腐蚀的问题。

NO.24

在外太空点蜡烛，会发生什么事？

你也许会对烛火感兴趣：19世纪伟大的科学家迈克尔·法拉第说过，"让你能进入自然哲学（科学）殿堂的大门不会比思考一根蜡烛的理论更多"。

我猜测你会在太空船中而不是在太空里做这个试验。在地球上，蜡烛火焰的漂亮形状是由蜡在氧气存在的情况下燃烧形成的，空气中还包括二氧化碳和水。这些物质从火焰中升起，而空气中的氧气被吸引来替代它们——那就是给予火焰形状的东西。

在太空船中，火焰处于微重力之下，热空气不会升起，而底下的新鲜氧气也不会产生。这样的结果将是一个不会持续很久的奇妙的蓝色火焰，因为蜡无法在没有氧气的情况下燃烧。

NO.25

火星上能过圣诞节吗？

实际上如果你真的到达了火星，你并不会对时间的流逝感到不舒服，因为 25 小时一天的火星日是很接近于我们地球的。但是那里的一年将会更长，因为火星绕太阳转一圈需要 687 天。根据这种情况，在大约每两个地球年里你只能过一次圣诞节。当然，如果你坚持认为每 365 天就有一次圣诞节，那么在火星上一年会有两次圣诞节。尽情享受它吧！

NO.26

为什么地球没有像土星环那样的环呢？

土星并不是唯一一个有环的行星：木星、天王星和海王星也有，不过和土星环不同的是，它们的环在地球上看不见。在太空船"旅行者 1号"和"旅行者 2号"探索之后，我们才知道了它们的存在。有趣的是，这些环都是被称为气体巨星的外行星所有的，而且天文学家们现在相信所有环绕这些外行星的环都有一个相同的形成过程。关于它的形成过程有两种推测：第一种推测认为环是由靠近行星的小行星碰撞所产生的石块和尘埃组成的。土星和其卫星的引力将石块和尘埃捕捉成为我们现在所看到的环状物。第二种推测指出，当这些行星由微粒和气体云形成时，不是所有的微粒和气体都被行星所采集。换句话说，环只不过就是行星形成时的残留物。现在如果天文学家们可以查出行星环中岩石的年龄，他们就可能证明哪种推测是正确的。大部分人都相信第一种猜测是正确的，因为木星、天王星、海王星的环都是那么的黯淡。他们认为土星环是仅有的亮环，因为它们是"最近"的——在天文学的术语里，"最近"意味着是几百万年以前——由于流星的碰撞而形成的。其他行星的环没有那么明亮是因为他们形成的时间较长，而且大部分环中的块状物已经被吸进了行星里。

为什么地球没有环呢？要形成行星环首先需要材料来源，而且这些材料必须不能太远——不能超过 3 倍行星半径，那将比卫星还近。关于木星，看起来它的尘埃环似乎是由流星碰撞到距木星很近的卫星上，爆炸所产生的碎片组成的。

另一个需要考虑的因素是太阳风的能量。太阳风是太阳向外释放的能量不断流动所形成的能量风。由于我们距离太阳较近，因此与其他距离太阳远的行星相比，太阳的能量风对地球的影响要更强烈。它会轻易地卷走任何试图绕着地球运转的小微粒。

即使地球拥有了提供环的材料来源，它们也将会相当灰暗，因为任何明亮的冰块（土星环的主要构成物）都会被太阳的热量所蒸发。它们不会持续很久的另一个可能的原因是日潮和月潮是相当强的，最后一定会将环的体系打乱。如果我们可以捕获一颗小行星并且使它在适当距离的轨道上解体，地球可能在短时期内拥有环，但这显然不会持续很久。

NO.27
在其他星球上如何判断方向？

如果能来到火星上，我们会发现那里和我们地球一样有南极和北极，不过磁场微弱了 800 倍。所以，使用灵敏度足够高的指南针在火星上你仍能够找到路。如果你想要像水手们在几个世纪以前做的那样，根据太阳、行星或是其他星星的位置航行，也是有办法的。在火星上看到的夜空看起来和地球上看到的景象差不多，而通过对恒星的测量和已知的时间，你将能把你的位置准确定位在火星表面大约方圆 100 米之内。

NO.28

月球是由什么构成的？

月球距离我们约 40 万千米，它是在大约 45 亿年前太阳系形成的时候由石块和气体组成的星云漩涡互相吸积而成的。在太阳系中的八大行星中，很多都有围绕它们自己旋转的卫星，就像我们地球一样。有的还不止一个卫星，比如土星已知的卫星至少有 18 个。

科学家们曾认为月球是一块被地球抛离的巨大岩石，遗留下的那个大坑则被现在的太平洋所填满，这个观点显然是不正确的。现在的看法是月球可能是由旋转的气体吸积而成的一个独特迷你行星，然后它受地球引力所吸引，从而被捕获成了我们的卫星。

在人类使用机器人登陆，并且最终在 1969 年登陆月球之前，我们一直不能确定月球的成分。被带回的月球样本显示它是一种火山岩，和地球上很多火山岩石相似。地球上的玄武岩成形于火山爆发时喷入空气或海洋中的岩浆。这些滚烫的石头（最初有几千摄氏度）冷却得非常快，形成了一种带着小结晶的暗黑岩石。

玄武岩主要由 4 种成分组成——硅、铁、铝和镁。硅是地球最丰富的元素，并且主要见于许多岩石之中。海滩上的沙子主要的成分也是硅。另外，铁、铝、镁也都是常见的金属。

月球内部分为月壳、月幔、月核。但是月球比地球冷得多，而且月幔不再是熔融的，所以在月球上没有活火山。然而，那里偶尔会发生"地震"，更确切的说法是月震。

NO.29

如果月亮消失了，我们还能生存吗？

事实上，月球正在逐渐离我们远去，不过它的速度不会快到要使我们担心它的程度。每年地月之间的距离会增加3.82厘米。我都怀疑你有没有注意到它。

但是如果月球突然间消失了，那就是另一种情况了。首先变化的是由月球引力导致的横跨地球的潮汐运动将不再发生。那将对海上贸易产生严重的影响。

还有人认为地轴的倾斜度是由月球的存在所控制，如果那种影响力被移走，那么日夜的长短将发生戏剧性的变化，季节的循环也同样会产生变化。毫无疑问，随着月球的离去，我们的生活将不会再像以前一样顺利地继续下去了。

NO.30

月亮不会掉到地球上来吧？

如果你在北半球看月亮，它确实是在下落，但其实它是在向左运动。在它落下的每一段距离，它也是在向"左"运动而避免撞上了地球。所以，在向左移动的同时它也在持续的下落，直到回到开始的地方——这就是月球的一个公转周期。所以月球实际上是处于自由下落中的，并且保持着不碰上地球。

NO.31

在月球表面写多大的字，
才能在地球上看见？

你说的是好大的字啊！如果你从月球的一边到地球的观察点画一条线，

然后回到月球的另一边，将形成一个大概 8° 的角度（太阳同样也有大约半度的角度，这也就是为什么我们能看到那么完美的日食）。

所有的望远镜都有一个它们能观测到的最小角度，叫作角分辨率。如果一个望远镜有一个 1 角秒的分辨率，那么它将不能分辨出一个 1 度跨度和 0.5 度跨度物体之间的不同。巨大的哈勃空间望远镜有一个大概 0.1 角秒的角分辨率，相当于能分辨出大约 10 千米以外的一枚 5 分硬币。

要计算出可以被观测者看到的一个物体的尺寸，你需要使用到远距观测工具。如果哈勃望远镜在距月最近点观测，那么月球距地球约 40 万千米。运用三角法我们会发现处在这个距离，哈勃望远镜能分辨的最小物体（记住它能看到仅仅只有 1/36000 度横跨度的物体）是 200 米左右。

人类的眼睛当然没有这样的能力，我们仅能看到 1/60 度横跨度的物体。因此，人眼能看到月球上的最小的物体必须要有 110 千米的横跨度。

NO.32
如果太阳消失了会怎么样？

在阳光突然消失以后的最初 8 分钟里，我们仍将很高兴，因为我们还不知道太阳消失的事实。很快，事情将变得糟糕。

8 分钟是光和重力波从太阳上到达地球的时间——光每秒能走 30 万千米，而太阳距我们有 1.5 亿千米远。将距离除以速度得到的时间是 500 秒，约 8.3 分钟。

在那之后，因地球不再有太阳可以围绕着旋转，轨道将开始变化；地球将可能会以直线前进而不再是在一个圆形的轨道里运动，不过这一点很难被确认。总之，地球将陷入一片黑暗之中而且突然转向到谁也不知道的宇宙里。

一场迅速的冰冻是否会发生还存有疑问，因为地球已经从太阳中吸取了很多热能，而且还有它所独有的、滚烫的、熔融的核守在它的中心，以及一个像毯子一样的大气层，所以地球的冷却可能需要一些时间。更有可能的是地球会经历类似于日落后的降温过程，但是随后温度将急剧地下降。

最悲惨的是失去了植物需要进行光合作用的阳光：庄稼将停止生长，而饲养动物的植物将很快死亡，动物将被饿死。但仍会有大量的生命能够在没有阳光的情况下继续生存——例如，化学自养的细菌和某些深海生物（生活在热喷口的管虫）——它们将比人类存活得更久，虽然很难说能有多久。

同样也很难预知当太阳不再是最强的引力，而月球对潮汐的影响变得更大时，海洋将会怎么运动。并且月球可能也会远离自己的轨道而使我们的行星处于潮汐减弱的境地。

NO.33

如果太阳突然消失，人类多久才能感知？

在大多数剧烈的爆炸中——假设那就是太阳如何消失的原因——任何喷出的微粒将总是比光走得慢得多。所以很明显在黑暗来临之前不会有来自于任何微粒的影响。

直到感觉到太阳的消失时，以光速传播的辐射以红外线形态到达了地球，它加热了空气（由于它只不过是低能量的光）。由于红外线的到来并做了这些事，一段时间后我们才感觉到太阳消失的影响。因为存在这个过程，一般认为在地球开始冻结之前太阳已经消失了大约一个星期了。所以在感觉到不同以前，你将会在一段时间内经历完全的黑暗。

NO.34

太阳的生命有尽头吗？

是的，太阳也是有寿命的，不过一般认为它将继续照常运行下一个50亿年，直到它到了大概两倍于它现在的年龄为止。在这段时间里，它会因为氢的热核反应而发出能量——一些氢原子会聚合成氦原子并释放能量。但是慢慢地，在日核中氦成了占主要地位的元素，并且最后那里所有的氢原子都将被耗尽。这时，太阳将从中年期进入老年期。

氢燃烧后将进入日核的外壳中，并逐渐从太阳中分散出去，在运动中耗尽燃料。这将引起恒星内部的不稳定，使太阳膨胀成一个巨大的、冰凉的红巨星，直到大到可以吞没地球的程度。在这个阶段，因为在日核内温度和压力的作用会发生一个逆转，最后到达一个可以使氦开始裂变的临点，再次在核里产生能量。这种恢复到正常状态的情况将是很短暂的，大概需要几百万年氦就将被消耗掉。

最终氦将按着氢燃烧的方式燃烧，进入日壳，而太阳的内部压力将再次克服引力，然后它将膨胀为一个红巨星。

但是这时太阳将不再能产生出足够的能量来燃烧它核内的元素，此时，它也就真正地到了尽头。膨胀将继续下去，而外大气层将被膨胀成一连串的同心的外壳，形成一个炽热的星云。只有太阳的核将保存下来，成为一个慢慢冷却、密集的白矮星。那将是太阳的一个很长的、缓慢的消亡过程。

<u>*NO.35*</u>

太阳走完 50 亿年时，
地球会面临怎样的命运？

如果太阳变成红巨星只是一种猜测，它还将继续存在大约 50 亿年，那么我们可以安心地说地球还拥有太阳。每一个恒星都有一个确定的寿命，在它生命的终点，当它耗尽了燃料时，它就死亡了。不同的恒星有不同的消亡方式，一些爆炸了，一些变成了黑洞，还有一些则变成了红巨星并逐渐的消亡。红巨星是一个不太温暖的巨大恒星，因此它是红色的，而不是浅黄色或白色的（有一点像一根拨火棍在火中加热成黄色并被慢慢冷却的情况）。当太阳变成一颗红巨星时，它将膨胀得大到可以吞没水星和金星，而可怜的暮年地球将沿着距离太阳表面仅仅几百万千米的轨道运转。这将蒸发掉地球上的空气，使地球不断升温，以至于最后没有任何东西可以生存。

NO.36

外太空有其他生命吗？

如果你的意思是说具有智慧的生命，那结果可能是没有。当然这种说法还没有确切的证据。不过，任何天文学家都将不得不非常勇敢地站出来说地球是宇宙中已知的唯一一个有生命迹象的行星，但也会有很多人争辩说有其他智慧生命散布在我们存在的银河系中。

假设我们所谈论的是类似于人类的生命，那么，为了生存它需要些什么？首先，它需要一个很长的稳定时期来由微生物进化成复杂的动物和植物。那么首要条件就是有一个稳定的太阳。这就直接排除了银河里2000亿恒星中的90%——它们不是太冷且虚弱，就是太热且短命。

另一个生命存活的要素是要有液体存在——最有可能的是水，且必须是液态，因为只有在液态的情况下，化合物分子才能结合得更彻底，从而形成更复杂的分子结构。这为生命存在的必要条件带来了一个更为严格的限制，虽然水分子广泛地布及在宇宙中，但水仅在一个很小的温度和压力范围内是液态的（在地球的温度和压力下是 $0\sim100℃$）。所以在一个行星上液态水的存在将需要一个坚固的大气层，以及一个稳定的围绕着恒星旋转的轨道，并且它和这个恒星之间的距离应大致与地球和太阳之间的距离相当。这就是为什么没有生命存在于火星和水星上——它们不是太热就是太冷。

仅这两个必要条件就排除了任何一个我们所知的太阳系里的其他行星，但是记住，还有更小的星系是很难被发现的，并且可能存在于银河系之外。因此我们才可以说，在银河系中地球是唯一一个有如此完美的环境供我们这样的生命繁衍的行星。有相似的星球存在的可能性真的是非常小。

第 2 章

猫、狗
和野生动物们

NO.37

是先有鸡还是先有蛋?

如果你认为我会说这个问题是没有答案的,那你就错了。蛋是先出现的。

大多数科学家认为地球上的所有生命都是进化来的。进化是生命为了适应环境而逐渐发展的过程。例如,蠕虫生活在地下,所以它不需要非常好的视力,因为没什么要看的。这样,蠕虫曾经有的眼睛就在代代相传中消失了。当你活着的时候你不会改变什么,但你的后代可以。在事物逐渐进化时,它们能发生相当小的一点变化。你有没有看过我们想象出来的祖先的样子的图片?宽大的前额,很多的毛,更长的手臂,微驼的后背等等。我们那时还不是真正的人。我们也是经过逐渐的进化才成为现在这个样子的。

同样的情况也发生在鸡身上。如果你回到历史中,就会发现那个时候的鸡与我们今天称之为鸡的东西看起来很不一样。例如,它可能有让它难以行走的蹼状的脚。然后,有一天,其中的一只鸡生了一个蛋,而蛋孵化成了一只脚上没有蹼的鸡——它就像我们现在的鸡了。它进化了。

但那所有的一切都是由一只蛋开始的,所以应该说是先有的蛋。

NO.38

牛不会下楼梯吗？

是的，这是真的。这跟牛膝盖骨的排列有关，它的膝关节在上楼梯时会弯曲，但在你试图让它下楼梯时，它的膝关节却不会弯曲。

当我们来到乡下，可能知道这些事实：一只成年熊能跑得像马一样快；马不会呕吐；鸵鸟不会向后退。

NO.39

为什么企鹅是黑白色的？

企鹅的黑白色是为了确保它们能够生存。当企鹅在海洋中游泳时，它们黑色的背使海豹和其他食肉动物难以发现它们。从下面看，它们白色的前腹让它们的天敌在逆着天空中的光线时难以看见它们，使海豹、鲨鱼和虎鲸难以伤害它们。它们也可以利用它们的颜色来控制它们体温。如果它们热了，就会将白色的腹部朝向太阳而反射阳光；如果它们冷了，就会将它们黑色的背部朝向太阳来吸收热量。

NO.40

为什么企鹅们以一列纵队行走？

这可能与我们在雪地上行走时也会一个跟着一个的原因一样。队列的第一个人将雪踩紧从而使其他人更容易跟上，而且使后面的人可以更有信心的踏上去，因为如果前面的人没有掉进冰层，他也不会。这可能也是一种野外保护的要素，当然，除了走在最前面的那只可怜的企鹅之外。

NO.41

谁创造了"恐龙"这个名字？

"恐龙"（dinosaur）这个英文单词真正的意思是"可怕的蜥蜴"。但是各种恐龙的名字（通常是希腊语和拉丁语），经常是以发现了它们的科学家的名字命名的，或是根据一些它们与众不同的特征命名的。例如，沃克氏重爪龙（Baryonyx Walkeri）的意思是"沃克的坚实的利爪"，这种恐龙是比尔·沃克发现的，它有一个巨大的利爪；伶盗龙（Velociraptor）的意思是"敏捷的小偷"；而霸王龙（Tyrannosaurus rex）的意思是"爬行动物之王"。

NO.42

恐龙是怎么灭绝的？

我们还不能完全的肯定恐龙是怎么灭绝的，但是恐龙是在历史上的白垩纪末期伴随着许多植物和海洋爬行动物一起灭绝的。只有两栖动物和哺乳动物幸存了下来，并没有受到影响。

那些生物为什么会灭绝是一个复杂的问题。现在流行的一种理论是小行星撞击论。美国科学家沃尔特和路易斯·阿尔瓦雷茨指出，小行星（或陨星）撞上地球引发的大爆炸产生了大量的石头碎片，碎片被抛入大气层而形成了笼罩地球数月或更久的黑暗。因为没有阳光能穿透这个烟尘层，植物停止了光合作用而死亡——从而破坏了食物链。因为没有植物可以吃，一些小型动物开始死亡；而因为没有小型动物吃，一些大型动物也开始灭绝，这只是一种观点。还有一个观点是大规模的火山爆发，也可能是一个巨大的火山爆发对环境造成了和小行星碰撞相同的影响。在我们确定哪一个可能更接近事实之前，我们必须在恐龙逐渐消亡理论和更悲惨的可能由于小行星碰撞而发生的瞬时消亡理论之间做选择。这是非常困难的，因为想要回顾那么遥远的过去，我们几乎找不到什么线索。甚至一个大到足以造成了大量动物灭亡的事件也很难在地球的外壳上留下多大的标记。所以，恐龙和其他动物是怎么灭绝和为什么灭绝的，现在还没有一个确定的答案，只有很多猜测。

NO.43

你能根据古老的 DNA 使恐龙复活吗?

哦，"侏罗纪公园问题"。在现实世界并没有发现过恐龙的 DNA。一些痕迹表明，有些恐龙的 DNA 在过去曾被发现过，但它们都被污染了。

在恐龙灭绝的 6600 万年后，任何被发现的 DNA 都有可能是惰性的，然而为了有可能制造出一个健康的生命体，你必须有它基因组中的所有遗传基因。高等级生物的基因组趋向于排列成数十亿基对，而从任何非常古老的 DNA 残留基对中提取的多于几十或几百对的机会基本是零。即使我们设法找到了大量 DNA，也有一个很大的可能是其中大部分都是垃圾（在高等动物中大约 90% 的基因组是非编码 DNA）。所以真的没有任何机会能将恐龙带回到现代生活中来。

在电影《侏罗纪公园》里，恐龙的 DNA 经由一只被裹在琥珀里的吸血昆虫被保存下来。这是一个聪明的小创造，但是支持这个蓝图的所有的生命形态的 DNA 分子都是无限长和复杂的。连找到少量损坏的死亡并变成化石超过 6600 万年的动物的 DNA 片断机会都是渺茫的。

NO.44

恐龙的智商有多高?

为了了解一个恐龙大脑的智力水平，芝加哥的詹姆斯·霍普森博士着手测量恐龙脑腔的大小，同时也将外部的缝隙和其他各种各样的因素考虑进去。随后，他将恐龙脑的尺寸和其他动物的作对比，结果显现出多数恐龙的智力有望达到爬行动物的智力水平。所以它们既不是极其聪明也不是极明显的蠢笨。

剑龙有一个胡桃大小的脑并可能因此是非常愚蠢的。然而，有一些更小的、但非常活跃的食肉恐龙的大脑却看起来比我们料想的更大，一个聪明且活跃的食肉动物可能能更好地适应生命的进程。

NO.45
今天仍有一些恐龙生存着吗？

今天仍有一些"恐龙"生存着，我们叫它们鸟。恰当的称呼是"鸟龙"——长羽毛的恐龙。至少那些正盛行的理论是这么称呼它的。1916年丹麦医学博士格哈德·赫尔曼在发现了鸟和食肉恐龙骨骼之间很多的相似点之后发表了《鸟类的起源》一书。

1960年耶鲁大学的一位学者发现了它们之间的22处共同特征，并也注意到这些特征没有在其他动物上显现出来。这有可能是它们之间有关联的最好证据。

NO.46
恐龙和史前人类在一起生活过吗？

地球上最晚期的恐龙生活在6600万年前，而能追溯到的最早的人类遗迹在20万年前，所以这是一个相当大的差距。

如果我们延伸人类的定义，甚至将在非洲发现的最早的类人猿也包括进去，那就可能将人类的起源推回到大概350万年前。所以在恐龙消失和最早的人类出现之间至少相差了6200万年，因此，无论如何他们也无法一起生活。

NO.47

恐龙的粪便会形成化石吗？

是的，我猜想恐龙粪有变成化石的可能。事实上，粪便中的一些以化石形式保留下来，叫粪化石。当然，因为粪便最初具有柔软的本质，因此粪化石是相当稀有的，甚至比恐龙骨骼化石还要稀有。

当我们想利用化石来勾勒出它们的习性时，恐龙粪化石确实是一种相当有用的原材料。例如，经过细致的检查你能知道恐龙是食草的还是食肉的，或是杂食的。粪化石的保存依赖于它原有的有机质含量、它的含水量、存放的地点和它的埋藏方式。例如，肉食恐龙的粪化石比那些食草恐龙的更可能被保存下来，因为其中高含量的矿物质由恐龙所捕食的动物的骨质原料提供。同时另一个对粪化石的保存有影响的是它们丢弃粪便的位置：一个好的地方应该是一个连接着河流的涝原，它能使粪便经过轻微的脱水后在河流涨潮期被迅速埋葬。

目前我们所知道的粪化石中大部分来自于最大的恐龙——蜥脚类恐龙。它们用四条腿走路并有非常长的脖子和尾巴。

NO.48

动物会自杀吗？

一些人认为被囚禁的海豚会干这种事，因为人们曾见过一只海豚自己撞死之后不久它的同伴也做了相同的事。在自然界里，为了其他人而放弃生命的现象是相当普遍的。蜜蜂会为了保护蜂房而死；雌狮会为了护卫幼狮而死；一些蜘蛛会被它们的孩子吃掉；章鱼为了照顾自己的孩子而不吃东西直到死去；某些雄蜂在交配时被蜂后撕碎；而雄螳螂在交配时会被它们的配偶吃掉；一些寄生虫似乎导致了它寄主的自杀；一些大黄蜂寄生虫使黄蜂投河，还有一些河虾寄生虫使虾一直在水面游动直到被吃掉。

NO.49

狗只能看到黑色和白色吗？

很多人这么认为，但是它并不正确。狗有色觉，可是它非常接近于人类的红绿色盲者。狗只有 3 种视锥细胞（视网膜上的色觉细胞）中的两种，仅能辨别蓝色和黄色（黄色也被看成红色）。它们看不到绿色，所以它们不能察觉红色和绿色之间的区别，但他们能看出黄色和蓝色之间的区别。

然而，狗的眼睛对动作变化的感知是非常灵敏的，因为它们拥有更多的对它们的捕食能力非常重要的视杆细胞（对黑白视觉非常重要）。

NO.50

为什么狗在高兴的时候会摇尾巴？

这也许是因为狗在高兴的时候根本不会做其他什么事情。大部分狗在见到一只陌生的狗或进入陌生的地方时，会摇晃它们的尾巴来表示某种犹豫。这不是一个屈服的信号，也不是一个找麻烦的暗示，它们可能只不过是在打招呼。

但是，就像你所注意到的，狗有两种摇尾巴的类型，一种表示犹豫，一种表示顺从。一只狗将会犹豫地摇晃着尾巴靠近，但一旦强弱地位被确定下来，就会换成另一种表示友好的摇尾方式。

NO.51

为什么狗的鼻子总是湿的？

因为狗不会出汗，作为替代，它们所排出的水分会通过它们的鼻子来蒸发掉，而这就是使它的鼻子湿润的原因。它们通过喘气使自己变凉快，从而导致鼻子上有更多的水蒸气，它们就是通过这样方式来散发热量的。

但是关于狗鼻子为什么是湿的还有另一种说法，就是由于嗅东西而造成的。狗有异常灵敏的嗅觉，而潮湿的鼻子扮演的就是一个巨大的潮湿表面的角色，使狗能更容易地收集到气味微粒。

NO.52

鱼会睡觉吗？

是的，有一些鱼确实会睡觉。但它不是"穿着睡衣关灯上床"那种类型的睡觉，它需要更长的时间，通常被称之为"休眠"。当然，它们睡觉时不会闭上眼睛，因为它们没有眼睑。

有些鱼的"睡眠"是很讲究的：例如，一些热带鹦鹉鱼，能释放出胶冻状的物质，这些物质与海水接触后会膨胀起来，这样当鱼休眠或睡觉时，这些膨胀的物质就会把鱼包裹起来保护它。

但对金枪鱼那样的快速行动者来说，睡觉可能是一个大问题。它们迅速行动时产生的力推动空气通过它们的腮，因此这类鱼不能真正的停止下来，只能减速。

NO.53

鱼有听觉吗？

是的，只是它们没有像我们那样长在头两边的耳朵，原因就是它们不需要。记住，对于声音来说水是远好于空气的导体，因此声音可以直接传递进它们的大脑。显然金鱼有着极好的听力，因为它们的骨结构甚至能为声音振动提供更好的传播条件。

因为水传送声音的效果非常好，很多种类的水生动物都通过声音联系。一些生活在加利福尼亚固定船屋上的人，在每年的一个固定时间都会听到一种蜂鸣声。有谣传说那是外星人发出的声音，但实际上这是一种雄蟾鱼试图吸引雌性而发出的声音。

NO.54

鱼能感觉到痛吗？

人类感觉到的疼痛是我们皮肤的神经末梢对力、热或化学刺激的反应。鱼也有这些神经末梢，但那并不意味着它们感觉疼痛的方式与我们一样。

人类的神经末梢传递信号是经由一个神经通路传送到大脑的更高级中心，在那里用我们称之为疼痛的情绪体验来辨认这种信号。鱼的脑不是那么的发达，而且没有感知疼痛的相应部位，所以当神经末梢受到触动时，它们并不会感知到一种疼痛的感觉，取而代之的是产生一种反射作用，而鱼并不会从精神上理解为什么有这种反应。

NO.55

鱼会呕吐吗？

是的，鱼会呕吐。正常吃东西时食管的肌肉承担了一个被称为蠕动的工序，而这些收缩作用通常会强迫食物进入胃中。但当这种收缩产生了相反的趋势，比如在吞咽时，就产生了反刍。反刍动物会有规律地反刍，所以食物会被咀嚼得更彻底。有时鱼会吐出不消化的食物颗粒，甚至在它们兴奋的时候也会吐出食物。那些把鱼当作宠物出售的人知道，最好不要在运输它们之前给它们喂食，因为那时它们会比平时呕吐得更多——而顾客可能会认为自己买了一只病鱼，可事实上它只是对旅程感到兴奋而已。

NO.56

鱼怎么在冰下生存呢？

很简单——它们会寻找某些更暖和一点的地方然后待在那里。因为随着密度增加，水在变冷后会变得更重，所以当池塘变冷时，这种更重的水开始降到底部并变得更温暖，而较小密度的水会上升。然后，当水温下降到零下4℃时，某些奇特的事情就发生了：水的密度再次开始变小，使得真正寒冷的部分上升，而剩下那些更温暖的水则留在池底，而最轻的冰浮在顶部。虽然池塘还是相当寒冷的，但鱼待的地方却会相对温暖一些。

NO.57

鱼会得关节炎吗？

不会的，因为鱼没有任何的球关节和窝关节，而且它们始终待在水里，从而转移了来自其他关节部位的张力。

NO.58

动物会玩耍吗？

这个问题取决于你所谓的玩耍是指什么。当小猫"玩儿"毛线团时，它们是在玩耍还是在练习抓老鼠的本领？当小狐狸打闹时，它们是在闹着玩还是在训练成熟的战斗能力？当成年人玩桥牌时，他们是在享受一个愉快的夜晚还是在联系朋友间的感情？所以你会发现在学习和玩耍之间并没有一个明显的界限。

也许玩耍的一个比较准确的定义应该是"一个复杂的表面上看没有意义的，但可能对学习有作用的行为"。由此，你看见了小动物在为了"正事"练习时的很多有趣的行为，事实也正是这样。但是很难见到成人玩耍到这种程度的，也许我们还有很多东西要学。

那么非哺乳动物又是怎样的呢？它们有些也会玩耍，但不是很多。乌鸦家族中的，例如红嘴山鸦、大乌鸦和寒鸦，它们被认为是"顽皮的"因为它们有特技。例如红嘴山鸦会快速地飞向天空，然后合上翅膀并迅速地把它们的背翻转过来飞。

NO.59

猫是怎样散热的？

我们都知道猫是不会出汗的，那么猫是怎样让自己凉快的呢？

事实上，猫在安排自己的生活时是非常聪明的。它们会找到凉快的地方，然后一动不动躺在那里，来避免自己变得太热。我确信你一定见到过猫这种懒洋洋的行为。

如果它们确实太热了，它们就会张开自己的嘴喘气，但那并不常见，所以你可能没有发现过。在选择坐或躺的姿势上它们也会很讲究，通常是采用一种将它们的皮肤最大程度地朝向凉爽的地方，而最小程度地面向炎热地方的方式。

它们会通过它们的爪子出汗，你也许见过一只受了惊吓跑掉的猫会留下它那潮湿的脚印。同时它们也会拼命地舔自己，因为唾液蒸发时会使它感到凉快，就像喘气一样。

NO.60

猫照镜子时会看到什么？

它们看到的一切也就是我们所看到的。猫的眼睛与我们的相似，所以不要指望它们能看到除了镜像外的其他任何东西。不过猫怎样理解它们看到的东西却是值得讨论的。

我们不认为猫能认出这图像是它们自己的镜像，这就是为什么一只动物在镜子或窗户玻璃里看到自己时，会觉得镜子里或窗户里有另一只动物，然后去接近它的镜像。

猫会接近镜子并触碰镜像的鼻子，并为镜像的行动而疑惑，但它们似乎从没有发现那就是它们自己的影像。当然，猫看到它的镜像的反应就和一个之前从没有见过镜像的小孩子一样。两者之间不同的是小孩子将会知道到那镜像到底是什么，可猫却不会。

NO.61

猫看得见颜色吗？

猫有一个确定的色觉值，但不像人的那么清楚。猫可以看见蓝色和绿色，但对红色不是很敏感，而且它们所看到的这些颜色色泽较弱或没有特点，就像我们在黄昏或拂晓时看东西一样。然而，猫是捕猎动物，因此有更好地适应运动和低光的视觉能力。

眼睛里有两种类型的感受器——视杆细胞和视锥细胞。视锥处理色觉并对蓝色、绿色或红色光波做出反应。视杆细胞对暗光很敏感，并因此更像是行动探测器。猫有着特别敏感的视杆细胞，这让它们能察觉到在光很暗的环境下图像的微小变化，从而使它们拥有"夜猫眼"的名声。

NO.62

猫总是以爪子落地的吗？

猫并不是一直以爪子落地的，但它们经常这么做。令人惊讶的是，当它们从未知高度跳下时它们并不怕高，例如当它们追捕鸟时，突然发现自己正从很高的地方落下。如果它们是从一个不太高的地方落下，它们经常会将它们的爪子先着地，但猫从太高的地方落下也会受很重的伤。

如果你从慢镜头里看一只正在下落的猫，就会发现这正是你想看到的：首先，猫会很快判断出哪边是上，然后移动它的头使自己头朝上。接着它将它的前爪上移到自己的脸前面来给它一点保护。然后脊椎扭曲到它的前半身和它的头成一直线，紧跟着是做好了着陆准备的弯曲的后腿。这也使它的后半身和前部成一直线。在大多数情况下这是一种柔软并垂直的降落方式。

猫那独特的骨骼构造也是很有用的。它们的脊椎骨比我们的移动更灵活，加上它们前腿能自由的行动，从而能够很快地将它们自己摆成任何它们想要的形状。

在美国，对猫下落的研究结果显示，随着高度增加，猫所受到的伤害也会变大。但当超过一个确定的高度——7 层楼——受伤程度却会下降。这表明只要给猫提供了足够的时间，它将会选择出一个受伤程度最小的方式降落。

NO.63
为什么牛只吃草还能长得那么大？

植物里含有蛋白质，不过它不像肉类里面的那么集中。这就是为什么食草动物需要吃大量植物的原因。例如要生成 20 千克牛肉蛋白，一头牛需要吃 1 公顷田地的草。大象也是食草动物，但你从没有见过苗条的大象吧。它们每天要花 18 个小时进食，而一只成年大象每天将消耗 75～150 千克的植物。

NO.64
牛吃的草是绿色的，可为什么牛奶是白色的?

动物所吃的食物的颜色并不决定着最后从它体内排放出来的东西的颜色！要知道一头牛有 4 个胃（瘤胃、网胃、重瓣胃、皱胃），这样才能确保草料中的成分被彻底地分解。当你把一些东西分解成分子，它将不再有任何的颜色。

所以，真正的问题是，为什么牛奶是白色的？牛奶是由脂肪（一种叫酪蛋白的高蛋白）、复杂的钙化物和维生素所组成的乳状液。然而这些东西没有一个是白色的。牛奶的白色外观来自乳液中的物质对光线的反射。就牛奶而言，由于光的所有波长都被反射了，没有任何颜色的光线被吸收，因此牛奶看来就像是白色的。

NO.65
所有的北极熊都是左撇子吗?

说来真是有趣，生活在北极地区见到过北极熊的人会告诉你这是真的，但是没有证据。然而，遍及全球的熊都同左撇子联系在一起，虽然这看起来更像是一种文化而不是科学理论。例如，在加拿大温哥华岛的传统文化中，熊猎手们用他们的左手吃东西是为了识别他们的猎物，因为熊被认为是用它们的左掌去够诱饵的。

NO.66

北极熊会主动攻击人类吗？

科学家们反对这个说法。被称为"北极熊之都"的马尼托巴省丘吉尔镇，建立于 1771 年，从那时起仅有 2 个人被北极熊杀死。事实上，在某些特定情况下北极熊可能还是有一点胆小的，有这样一个传说：当一只北极熊漫步进入一个丘吉尔的社团会所时，震惊的服务员大喊，"你不是这里的会员！出去！"那只熊就出去了。在过去的 25 年里整个加拿大只有 6 个人被北极熊杀死，而同样的时期在阿拉斯加只有 1 个人遇害。

NO.67

袋鼠会游泳吗？

袋鼠会游泳。在澳大利亚的公园里你可以见到它们游泳，特别是在炎热的天气里。当袋鼠游泳时它们的每条后腿是独自运动的。这相当的不寻常，因为在陆地上时它们从不这么做。当它们跳跃的时候，它们总是将腿并在一起。

这种情况可能让你觉得很奇怪，袋鼠把孩子装在它们的育儿袋里时也能游泳？事实上为了保证宝宝的安全和干燥，袋鼠妈妈会把育儿袋周围的肌肉绷紧来封住袋子。

NO.68

青蛙在水下能听见声音吗？

青蛙不像人类一样有耳郭，但它们还是有很好的听力。它们利用一个薄弱的叫作"鼓膜"的耳膜来听声音，它就处于青蛙眼睛的后面。除此之外它们有一个内耳，而大部分青蛙还有中耳。

与我们一样，青蛙在水下仍然能听得见。尽管青蛙在水中通过鸣叫来互相联系并不常见，可声音在水中传播要比在空气中好。事实上，有一种青蛙在岸上不叫而只在水里叫。相信它们这么做是为了避免被天敌发现。

青蛙的叫声是非常吵闹的。波多黎各的森林地区到处都是雄性的鹩鹁蛙——平均每 10 平方米就有 1 只，而每一只雄蛙都用尽量大的声音发出刺耳的尖叫，来争取压过其他蛙的声音，希望能够吸引远处的雌蛙。这叫声是如此的吵闹以至于如果你与其中一只小东西之间仅有半米的距离，你将听到 90～95 分贝的叫声，这几乎有一台手提钻机（100 分贝）那么吵了。

NO.69

为什么动物有尾巴？

这没有一个系统的答案。不同的动物，尾巴对它们来说有不同的用途。袋鼠在跳跃和休息时用它们的大尾巴来维持平衡，尾巴就如"三脚架"一样担当了它们的第三条腿。猴子用它们的尾巴吊在树上，就好像把尾巴当成了另一条手臂。

啮齿类动物也有帮助它们保持平衡的长尾巴，而松鼠还可以把它的尾巴当成掩蔽物。海马的尾巴是它们仅有的"肢"，海马通过让尾巴围绕着躯干旋转，来使自己在水里保持平衡。

鸟的尾巴有双重作用，即在飞翔时起到平衡和控制这两个作用。而有些种类的雄鸟把它们的尾巴当作展示品来吸引雌性——孔雀的尾巴就是一个极好的例子。

水中的动物用它们的尾巴来帮助自己在水中向前推进，蝌蚪也是如此，而当它们长大后失去尾巴成为青蛙或蛤蟆时，就会采用更多陆生的生活方式。

牛的尾巴帮助它们驱赶苍蝇和清除残留的排泄物，而马的尾巴也起到同样的作用。所以看起来这些动物的尾巴是为了保证动物的舒服和整洁。

尾巴也能用于传递信息：当兔子被惊吓而开始猛跑时，它通过上下来回地晃动其白色的尾巴来警告其他兔子有潜在的危险。

像猫和狗这样的家养动物，尾巴的状况会告诉主人它的感觉。狗摇尾巴表示高兴，而当猫变得特别亲热（或找食物）时会竖着它们的尾巴并发出咕噜咕噜的声音来引起注意。

NO.70
有没有可能从鳄鱼的背上跑过？

当然是有可能的，但你必须说服鳄鱼躺在那里不动，否则那将像从一根浮在水中的原木上跑过一样。另一个问题是当一条鳄鱼想要呼气时，它会下沉。所以你还必须说服它们屏住呼吸。

NO.71
鳄鱼追捕猎物时能跑多快？

如果鳄鱼疾驰起来它们能跑得非常快。最快的速度纪录曾达到每小时17千米。一般它们能达到每小时14千米的速度，而这个速度已经打破了人类的平均速度，特别是在鳄鱼只跑很短的距离时。但它们并不经常追捕猎物，它们以更狡猾的方式捕食——躺着等待它们的猎物。鳄鱼有非凡的加速能力，因此它可以在猎物有反应之前猛扑向这个猎物，不管它怎么尽力逃脱。

不要认为你可以通过爬树来逃过鳄鱼的嘴，耐性好是它们的优点之一，如果需要的话它们会张着嘴在树下等上一个星期。

NO.72

狗的嗅觉比我们的好吗?

狗的鼻子中所拥有的嗅觉细胞数量是人类鼻子的 4 倍。一个人的鼻子大约有 500 万个嗅觉细胞,而有些狗鼻子的嗅觉细胞超过了 2 亿。狗的鼻子就像独特的气味探测器:它们大而且湿润,可以帮助收集和溶解气味颗粒。当狗闻到一种气味时,它就开始分泌唾液,这也是发现气味过程的一部分,因为湿润的舌头有助于获得更多的气味颗粒。

NO.73

为什么动物能安全地吃生肉?

野生的动物一直在吃生肉,而且这么做已经数万年了。而人则通常要将肉煮熟了才食用,这是因为我们更喜欢熟肉的味道,也是为了保护我们自己的肠胃不受伤害。

动物通常吃新鲜的生肉,他们不必四处运输肉,把它交到商店或餐馆里。肉是否被污染,时间因素非常重要。人类对肉中的微生物只有非常脆弱的耐受力,所以吃生肉会让我们生病。肉放得越久,这些危险的微生物就越多。把肉煮熟会杀死几乎所有的有害细菌和病毒。

动物对那些污染物有更好的耐受力。像狗和猫这种家养的宠物经常处在我们和野生同类之间,从而对食物有一些不同的处理方式。猫主要靠细心来保护自己,这依赖于它们灵敏的嗅觉,嗅觉可以警告它们食物是否是"变质的"。如果有必要,猫也会吃草来使自己呕吐。狗是清道夫,吃任何东西,因为它们的消化系统难以置信的强悍,足以应付几乎所有的东西,但是在它们吃了有害的东西后也很容易会呕吐。

只有脆弱的人类没有我们的宠物那么好的消化功能,所以我们要煮熟肉,因为我们更喜欢那样的味道,而且它的危险更小。

第 3 章

鸟、蜜蜂和爬行动物们

NO.74

为什么鸟在飞翔时不会互相碰撞？

如果它们没有足够的反应时间它们也会互相碰撞。想象一下孩子们玩无挡板篮球时的情形。每一个队员应该盯住他们的对手以便让对手无法接到球，而他们靠他们的眼睛盯住对方，并在对手变向或变速的时候快速作出反应。比起其他动物来说我们对这种做法其实并不擅长。事实上，我们的反应相当慢。

然而鸟的反应要快得多。一只鸟能在一瞬间对旁边的鸟突然改变方向作出反应。如果有一群鸟，每一只都密切注意自己身边的鸟，它们全部能有那么快的反应，那么整群鸟看上去都能及时改变方向。但如果你把一群鸟的飞行拍下来并放慢镜头观察，你会发现实际上它们的反应并不是那么的及时。在一只鸟移动而另一只跟着行动之间有一个延迟，但这反应力仍然足够快到可以避免碰撞。

NO.75

为什么鸟在早上做的第一件事就是唱歌？

对于鸟叫，人们关注最多的是它的音乐内容。事实上，从鸟的观点看，那是它们起码的能力。鸟叫完全是为了捍卫地盘和防御，通常用来吸引配偶和警告对手，也可以警告其

他鸟危险的来临，而幼鸟会用叫声来告诉父母它们饿了。

　　毫无疑问，鸟鸣声在清晨听到得最多。从热带雨林到温带草原，整个世界都是这样，但我们并不知道为什么。可能是清晨通常是一天中一个寂静的时间段，所以声音传播得更远。测量数据显示声音在清晨比一天中的其他时间内传播远 20 倍。同时，这也是一天中鸟没有其他什么事可干的时间：觅食的光线不够，而且昆虫经历了夜晚的寒冷之后仍在躲藏着，因此鸟只能歌唱。享受它吧！这是世界奇观之一。

NO.76

鸟会打喷嚏吗？

　　它们当然会。但是你最有可能看到的是那些宠物鸟这样做，而这可能是因为它们和人类接触更多的原因。对人类来说，打喷嚏则可能是感冒的征兆。

NO.77

云雀怎么总是不断地歌唱？

　　这是一种炫耀。雄云雀以此来显示自己是周围最好的雄性，这样雌云雀就不会去注意其他云雀了。

　　即使是最有天赋的云雀也不可能永远唱下去，虽然声音听起来可能像是这样。这种印象是由于我们没有能力及时区别出那一连串的声音是否有间歇。事实上，在歌声中还伴随有鸟儿呼吸时产生的简短的间隔，但它们如何来调整它们的呼吸和歌声的具体细节我们仍然不清楚。

NO.78
为什么水鸟能在水下看清东西？

人类在水下看东西模糊是因为我们的眼睛不能完全地聚焦。这是由于光以与它传播到我们的角膜一样的方式传播到水中，并不像通常它由一种介质传播到另一种介质时那样发生折射。这意味着图像不能被完全地聚焦，因为它没有先通过空气。那就是为什么当你带上护目镜时你就能看到清晰图像的原因，它恢复了空气与角膜的界限。鱼眼有更厚、极度弯曲的晶状体，所以它们的眼可以在水里聚焦。

对于水鸟，它们的视力在水下正常可能有两个原因。第一就是它们眼中的晶状体能变厚或变薄来使它们适应在水内外看东西。第二个也是更好的解释是鸟儿知道鱼不在它们所看到的地方，因为它们眼中所看到的图像由于折射作用已经被弯曲了，而它们在潜水时就弥补了这种差距。

NO.79
猫头鹰真的能把头转一圈吗？

不，它们的头并不能自始至终地转一圈，因为那可能会伤害到它们的神经系统。但是猫头鹰能把它们的头转到一个远大于其他动物能达到的角度。

鸟类的视野范围能从一个很小的角度转变到一个完整的360°。这对于它们来说，无论是作为捕食者还是被捕食者都是一个很好的技能。被捕食类动物趋向于在头两边各长一只眼睛来提供给它们360°的视野，帮助它们扫描到更多事物，从而发现即将到来的危险。猎食类动物的眼睛趋向于长在更靠近头正面的地方，来给它们一个很宽的双眼视野，使它们拥有一个很强的判断力，判断大小和距离并看清其中的细节。这也使眼睛能在光线弱时看得更清楚。

猫头鹰对前方有 60°的视野，但对后面有一个大约 130°的盲区。其他大多数鸟的视野都属于这两个极端。因此，猫头鹰会将它们的头以更大的角度旋转来抵消这个大盲区。

NO.80

为什么啄木鸟不会头痛？

啄木鸟不停地啄食树虫，看上去很容易患"脑震荡"。实际上，啄木鸟只有一个非常小的大脑，而这个脑又悬浮在流体中。再加上鸟喙里有减震器，所有震荡对它们的头部只能产生极小的影响。因此，它们几乎不会感觉到头痛。

NO.81

为什么鸡不会飞？

好问题！鸡有飞行所需要的一切东西，包括翅膀和肺周围的气囊，而且它们的骨头又有许多空洞，从而能使它们的体重减小到可以飞翔的程度。但问题是数个世纪以来它们一直被作为人类的食物来源，经过驯养阶段后，它们已经忘记了怎么去飞。考古学家证明人类最早是在公元前的印巴地区发现鸡的存在，为了享受到它们高质量的肉，我们人类开始饲养这种鸟，以带来大量美味肉食。也就是在同一时期，我们在对鸟类的人工繁殖中剥夺了它们的飞翔能力（尽管某些繁殖过程对它们来说是痛苦的试验）。

你可能注意到一只被杀死的鸡有一些白色的肉和深色的肉。这种情况应归于肌肉中一种叫作肌血球素的色素值，它很接近于一种血液中的输送氧的血色素成分。如果肌肉在一段时间内持续地运动，肌肉组织中的肌血球素值就会增加。那就是为什么像鸭和鹅那样的徙鸟在胸部有着深色的肌肉——这肌肉是用来飞翔的。鸡腿上也有着深色的肌肉，因为鸡更多的是用腿来活动而不是用胸部。翅膀上的肉是白色的，理所当然地成了鸡不再飞翔的主要原因。

NO.82
鸽子走路的时候头在前后运动吗？

野鸽很害怕那些食肉鸟，所以需要经常留意四周的捕食者。虽然它们头两边各有一只眼睛，视野很宽，但它们还必须通过脑袋前后来回地运动设法增大视野。这让它们看上去有些神经质。

也有的人认为鸽子的头根本没有动，而是头下方的身体在动。德国科学家在对鸽子拍摄了很长一段的录像，并一点一点分析了鸽子的行动后，证实了这种情况，并指出静止不动的头能确保鸽子对空间和距离有更好的估测。

NO.83
家鸽是怎样找到回家的路的？

没有人能用任何一种方法来回答这个问题，但有两个公认的推论。第一个推论认为，家鸽使用的是利用各种风在自己脑海中留下烙印的

"气味地图"，一旦它们闻到了家的味道它们总是能回得去。另一个更像是探通术理论，是说它们运用了地球磁场来判断出精确的经纬度，然后飞回家。但没人知道到底是怎样的。

NO.84

如果磁极"翻转"，鸽子还能找到回家的路吗？

即使这种情况将会发生，也大概需要几千年到 7 亿年。从人类的观点看，那几乎是无关紧要的，因为现在我们已经很少靠指南针来导航。但是对动物来说可能就是另外一种情况了。实验表明海龟的迁移受到地球磁场的影响很大，鱼可能也有相似的情况，人类对这两者的了解都是很浅的。

所以，即使是对鸽子，我们现在也几乎不能得出一个确切的结论，因为我们不了解磁极翻转的本质，甚至不了解动物在经过长途迁徙后为什么还能轻而易举地找到回家的路。过去的磁极翻转似乎也没有造成过大量动物消失的情况，所以即使它对动物的生存有影响，那可能也会是很微小的。

NO.85

蜜蜂是怎么样飞起来的？

蜜蜂的翅膀非常小，看上去都无法支撑它的身体，那么它是怎么飞起来的呢？这是因为蜜蜂遵循的运动规律不同于我们那受了限制的飞行概念。当然，如果一架飞机是像蜜蜂一样的大小和形状，那它是不可能飞起来的。但蜜蜂和飞机却以非常不同的方式飞起来了。

机翼上下的空气流动是保持一架飞机飞在空中的原因：机翼的形状

确定了机翼上方的空气运动的要比下方的空气快，这造成了机翼上方空气降压和下方空气升压。这使得飞机可以升空。

蜜蜂飞行方式更像是直升机。它们的翅膀处于持续的运动中，而这提供了升空的动力。因为蜜蜂非常小，从它们的角度看，空气的运动更像是黏滞的流体，就像是蜂蜜那样，而它们利用在翅膀外围产生的向下的漩涡来帮助提供自己上升和前进。

NO.86
为什么苍蝇经常围绕着顶灯飞？

其实苍蝇并不是这样做的，只是看起来像是在那么做而已。这是因为你仅是当它们烦扰你的时候才会注意到它们。事实也恰是因为你在那里才把它们赶上去的。不然的话，它们仍会停在原位，并继续做着传播疾病那种令人厌恶的事。

然而，一旦到了空中，他们确实似乎总是喜欢围绕着屋子的中央飞，除非外面是它们更喜欢的明亮的白天。有一个观点认为它们并不喜欢角落，它们或是把灯当成了一个用来对竞争者发动攻击的高地，或是来吸引配偶。到灯上栖息的雌性家蝇会被在附近的空间巡逻的雄蝇打扰，于是雄蝇开始争着占领这个高地，从那里它们能冲出去赶走任何威胁到它们领空的其他苍蝇。

如果你想向骚扰你的苍蝇报复的话，这里有一个好的游戏：当下一次你看到一只家蝇有目的地在你的天花板上的一只灯下盘旋时，把一个假苍蝇（一块苍蝇大小的纸就可以）扔向它。那个苍蝇将几乎会立刻从它盘旋的水平面离开来追击这个"入侵者"，因为这个"入侵者"的弧形轨道侵犯了它的领空。

NO.87

苍蝇是怎样落在天花板上的呢？

科学家通常认为苍蝇会迅速地完成一个翻转过程，用它们的前腿或是后腿接触墙面，然后将它们的另外的腿旋转过来。但通过观察拍摄到的苍蝇的运动细节，他们发现整个的过程远比他们想象得优美。当苍蝇接近到天花板时，它把它的前腿向上对着天花板，而这就是第一个接触点。在它的前腿接触上墙面时，它利用飞行的冲力将它们身体剩下的部分"猛落"到天花板上。

NO.88

蜘蛛如何移动它的腿？

蜘蛛的肌肉处在外骨骼的内部，所起的作用与我们的肌肉相反。它们腿部的运动也是部分的液压传动。蜘蛛可以通过升高它们的血压来把腿伸得更长，一只跳蛛能产生一个使它能跳跃过 25 倍于自身长度的力。

NO.89

蜘蛛会不会使用另一只蜘蛛的网？

一般不会，虽然曾经有过一些蜘蛛这么做的例子。例如，某些雄蜘蛛会在求爱时挤进一只雌蜘蛛的网内，而交配之后雄蜘蛛将留在网的附近，并在雌蜘蛛不注意的时候快速地冲进去寻找食物。如果由于某些原因雌蜘蛛死亡了，雄蜘蛛就会继续使用这张网直到外界环境损坏它。

有一种盗蜘蛛会轻手轻脚地进入另一只蜘蛛的网中，以至于你几乎根本感觉不到它在动。当那只蜘蛛发现有些什么不对劲时，为时已晚。因为当盗蜘蛛靠得足够近时会突然行动，咬住那只蜘蛛的腿，把一种毒性很大的毒液注入它的体内，那只蜘蛛会当场毙命成为盗蜘蛛的晚餐。

NO.90
蜘蛛织网时是如何移动的？

它们需要一场及时的风！网是由蛛丝织成的，蜘蛛的腹部会射出的一股液体状的东西，在接触空气后凝固并形成非常细的丝。蛛丝难以置信的强韧，比我们所知的任何材料或金属还要强韧。

不幸的是蜘蛛并不能像蜘蛛侠那样一下子发射出一张网，它们要合理利用风力。蜘蛛把自己挂在一根丝上，然后等待被一阵风将自己带到另一头可以系上丝的地方。一旦第一根丝安置好，剩下的部分就很容易完成了。

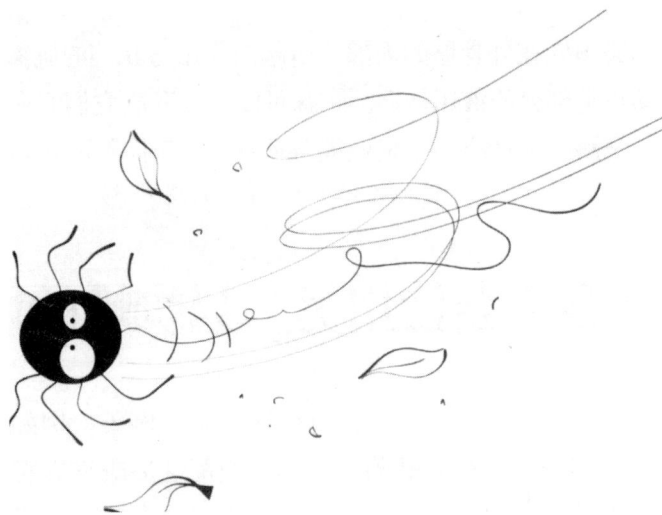

NO.91

为什么蜘蛛网被织成不同的样子？

非常有趣的问题！事实上你可以通过这些网来辨别蜘蛛，就像人的指纹一样。是的，不同的网是以不同类型的猎物为目标的。例如，一张靠近地面的圆形的网，目的是抓住像蚱蜢这样的跳虫，而一张在地面上方的圆网是为了抓住飞虫。

高高地直立在植物上的网是为了抓住飞虫，而那些低矮处的是为了抓跳虫。水平的网可以抓住植物周围的那些跳上跳下的昆虫。那些编织成与地面有角度的网可以抓住所有种类的昆虫。

NO.92

为什么蜘蛛经常会拖出一根丝来？

一只小蜘蛛经常在晚上悬停在屋子里一会儿，然后再回到天花板的角落。那柔软的蛛丝就在附近随着气流飘荡，虽然有些时候你可能不会注意到它。蜘蛛总是在身后留下一根蛛丝在它们落下时用来当作救生索，或当成一个找到它们来时路线的指示线。这些丝在制造出来之后被蜘蛛丢弃，你经常可以在晨露后的牧场看到这种丝产品的规模，整个地域都布满了大量的闪闪发亮的随着微风飘荡的蛛丝。蜘蛛会吃掉自己的丝来回收利用这些蛋白质，并摄取那些粘在黏糊糊的蛛丝上的各种花粉。这对幼蛛来说是一个重要的蛋白质补充。

NO.93

蜘蛛的视力好吗？

蜘蛛有二三对或四对的眼睛，这要看它们属于哪一个科属。你可能认为这意味着它们有着很好的视力，可事实是它们的视力非常差。因此它们利用触觉来寻找周围的路并捕食猎物。它们有一组结构来告诉它们自己的身体在哪儿，例如它们的腿，而其他的会告诉它们所处环境的情况。

蜘蛛身体上的绒毛也是它们感觉机制的一部分。如果某些东西碰到了绒毛，连接着绒毛的神经就会让蜘蛛知道那里有一些东西。另外它们还有更多的专用绒毛，能感觉更细微的震动，如昆虫扑动翅膀的声音。

蜘蛛不用它们的眼睛，它们有更多"看"的方式。它们通常运用位于它们大腿上的称作震动感受器的感觉器官。织网的蜘蛛利用这些器官通过网的振动来告诉它们抓住了某些东西。

蜘蛛不能靠它的眼睛来看到你的脚，因为你的脚不会像只蜜蜂那样发出嗡嗡声，并且你也不会被它的网抓住，在它的绒毛感觉到你的脚之前它都不会知道你在它身边。

NO.94

蚯蚓怎么能穿透硬土？

蚯蚓在很大程度上是一个地洞挖掘者，而它们依靠我们称之为蠕动的方式寻找土中能让它们身体挤进去并能运动的裂缝来钻——蠕动这种方式是在蚯蚓向前推进时沿着身体向后产生的膨胀担当一个暂时的附着点。如果泥土里含有丰富的食物，它们基本会吃出一条路来。

在冰冷或干燥的天气里，很多蚯蚓的洞挖得会比平时更深，然后停止进食，蜷曲成球状等待更温暖和更潮湿的环境以便回到以前的生活状态。当我们在坚硬干燥的土中找到它们时，我们必须记住蚯蚓在更潮湿和更软的土中活跃的样子。蚯蚓的洞壁因为蚯蚓的运动而被压扁，并涂满了黏液和尿液，形成了一个光滑的涂层，这对蚯蚓来说会比仅在土里更舒服。

NO.95

萤火虫是怎样发光的？

萤火虫使用的是一种被称作生物荧光的方法。它的发光器官含有一种叫作虫萤光素的化学物质，它储藏在有着一个非常密集的网状组织区域的透明表皮之下——这可能担当了一个反光器的作用。为了发光，虫萤光素会在荧光素酶的作用下与氧气发生反应，生成氧合虫荧光素和能量，以光的形式发出。稍后氧合虫荧光素会重新转变为虫萤光素，因此这个过程能重复发生。

因为几乎没有任何能量以热的形式被发出（不同于火或灯泡），这是最没有效率的发光方式之一。萤火虫能发出的最亮的光也仅相当于大约一支蜡烛光的 1/40，但这光以一个非常适于人眼的波长发出，因此它们能发出足够用于读书的光，所以在中国才有了囊萤映雪的故事。

NO.96

为什么飞蛾要向着灯光飞？

如果我说这是因为它们把你房间里的灯光当成了月亮，你可能不会相信，但事实就是如此。飞蛾利用月亮光作为一个稳定的参考点飞行，并保持月亮处在它们的一边，而沿着一条直线飞行。而当一盏明灯为它们提供了同样的作用时，由于灯保持在一个固定的位置，飞蛾将以绕着它转圈而结束。灯的亮度迷惑了它们，而它们的飞行轨道将越来越小直到最终它们撞上灯泡。

NO.97

衣蛾在衣物发明之前吃什么呢？

衣蛾是家中常见的害虫，会破坏衣物。衣蛾幼虫除了攻击毛纺织衣物，也会侵入鸟和哺乳动物的巢穴中。它们以碎屑与动物皮毛的混合物和大量的真菌物质为食，所以它们不只是吃衣服。衣蛾是一类与具有独特的消化角蛋白质能力的生物有亲缘关系的小群体，角蛋白质是能形成皮毛、毛线、毛发和羽毛（还有指甲和死皮）的蛋白质。在我们开始以冬衣的形式为衣蛾储藏合适的食物之前，它们以另外的方式茁壮成长，就像它们现在仍在做的那样。

NO.98

蚂蚁能看多远？

这要看是哪一类蚂蚁。某些工蚁有很发达的视力，能从一个树枝准确飞跃到另一个树枝，有的蚂蚁的视力则大为减弱，而兵蚁几乎就没有视力。一些蚂蚁肯定有着最高级的视力：印度"跳蚁"能向上跳跃 1 米高，然后用它们长长的下颚捕捉飞行的猎物。虽然我们还不十分清楚它们怎么做到的，但它们一定有相当好的视力。不过它们的"视感"和我们不一样。我们看到

的是一个大的画面，而昆虫看到的是很多个小画面，就像一个摆满了播放着同样节目的电视的商店橱窗。

NO.99

忙碌的蚂蚁会休息吗？

蚂蚁的一生有 4 个阶段，卵、幼虫、蛹、成虫，这将花费大约 8 到 10 个星期。蚁后用它一生的时间来产卵；工蚁是雌性，承担蚁穴中的工作；更大一点的兵蚁保卫家园。

每年某个特定的时间，每个蚁穴都会生出有翅的雄蚁和蚁后，它们飞到空中并交尾。雄蚁交尾后很快就会死亡，而蚁后就会建立一个新的蚁穴。

蚂蚁是否休假，完全依赖于周围环境的温度。它们仅在温度足够高时才活动。所以在寒冷的白天和夜晚它们将在蚁穴中保持休眠，但一旦温度上升它们就会出来活动。

另外，蚂蚁有一个很好的复眼装置，使它们能利用太阳来定位。所以即使在一直很温暖的热带地区，蚂蚁也只在白天活动因为在晚上它们很难找到路。

NO.100

蚂蚁有骨头和血液吗？

蚂蚁没有骨头。它们的骨骼由一种叫作甲壳质的蜡状化学物质组成。甲壳质覆盖在蚂蚁身体的外部，所以你会发现蚂蚁把它们的骨头穿在了外面。

昆虫确实有血液，但只是用它来在体内运送食物。而人类用血液传送氧气。蚂蚁有一个简单的心脏来将血液泵到它们身体的顶端，但它的心脏是由一个简单、细长的管道构成的。

NO.101

昆虫怎么闻东西？

　　昆虫有大量的由感受器组成的"嗅觉器官"，这些感受器是一些被进化为只是感受触觉、嗅觉、味觉、热或冷中任一个的小茸毛。每一种感受器只由一种感官细胞和一条神经纤维组成。

第 4 章

奇妙的物质世界

NO.102

植物的叶子有什么用途?

植物把叶子当成太阳电池板,它将阳光吸收到植物上以便于植物加工出自己所需要的养分。没有阳光,植物是不能生存的:你可以试着把一株植物放在一个黑暗的屋子里并观察它迅速枯萎和死亡的情况。

叶子表面还有很微小的洞,主要在背面。这些小洞(叫作气孔)允许空气进入,而空气中的二氧化碳也是这个养料加工过程中的一部分。植物产生养分的最后一个要素就是根从泥土中吸收上来的水。

叶子那么薄的原因是二氧化碳必须要从叶片中流动,所以传播的距离越短流动起来就越容易些。同时,薄薄的叶子也提供了一个更大的表面积来吸收阳光。

NO.103

为什么叶子在秋天会变色?

秋天叶子急剧变色的原因是相当复杂的。从根本上来说,叶子为树提供了生存和成长的养料。春天当叶子伸展开不久,新的嫩叶就开始通过叫作光合作用的过程来制造养分,这是一个利用阳光的能量将植物从泥土和空气中所吸收的原料结合起来的复杂过程。植物光合作用所需要的基本要素是阳光、水和二氧化碳,二氧化碳也就是我们呼吸时呼出的气体。

二氧化碳通过叶子表面的小孔进入叶中;水由根从泥土中吸入植物体内,并通过细小的脉络传递到叶子中。当这些半成品到达叶中并接触到阳光后,就发生了光合作用,为植物自己制造出了养分。在叶子中有一种叫叶绿素(绿色色素)的微小粒子。这种绿色素不仅仅赋予了叶子绿色的颜色,它也确保光合作用能顺利进行。

在秋天光照逐渐减少,树木就会停止制造养分。因为光合作用结束了,叶绿素也不再需要了，于是叶子就把它破坏了。由于绿色开始消退，那些被绿色遮掩住的黄色和橘红色色素就开始显现。亮红色的显现需要明亮的光照和凉爽的晚间气温。在每年的霜冻初期，叶子的颜色更接近于褐色。

NO.104

为什么植物会散发出香味？

这都是为了爱情，并且还有几分浪漫。因为植物不像大多数动物一样能从这里移动到那里，它们进化出一套特殊的方法来让它们找到配偶。通过用它们的花来吸引昆虫和其他动物，通过这些昆虫和动物的活动，异花授粉就发生了。这就是植物示爱时最亲密的方式。

在进化的过程中，植物了解到动物和昆虫被它们吸引的时间越长，异花授粉发生的机会就越多，从而产生的种子也就越多。为了让更多动物被吸引过来，植物制造了花蜜给动物食用，另外还有五颜六色的花瓣或香味吸引昆虫注意。

NO.105

细菌繁殖需要伴侣吗？

细菌繁殖通常是通过一种叫作二次分裂的方式繁殖，那种方式就是简单地将 1 个细胞一分为二，变成 2 个相同的细胞的过程。完成这个过程不需要"伴侣"的帮助。

然而，有一些细菌确实有配偶。细菌的表面有一些细小的丝状组织，我们称其为纤毛。一个细菌可以通过纤毛与其他细菌结合，在两个细胞间形成一个连续的管道。小片断DNA称为质粒，质粒沿着这个管道从供体传递到受体来传送有用的遗传因子。然而，这并不能产生后代——它只是一个信息的传递。但任何给予受体的遗传因子都会在这个细菌的细胞发生正常的无性繁殖中被传递给后代。

细菌结合和传递遗传信息的方式对人类的健康是相当重要的。如果细菌在进化时生成出了一种特殊的抗受力，如一种对抗生素的耐药性，那么细菌就通过上述传递信息的方式将这种耐药性传递给其他细菌，直到当我们生病时无法对这种抗受力产生控制。

NO.106
一个针头上有多少个微生物？

首先，什么是我们所认为的微生物？简单地说，你可能认为一个微生物是我们看不见并会让我们生病的任何有生命的有机体：它可能是一种细菌、病毒或是真菌。在一个针头上有着大约100万个细菌。细菌就在我们的周围。但是你不必太惊慌，除非我们把针头深深地刺进胳膊或腿里，不然这些细菌就不能危害到我们。

NO.107
所有细菌都会让我们生病吗？

令人惊讶的是，事实上只有很小的一部分细菌会让我们生病。我们现在所知道的细菌大概有10 000种，而可能还有同样多的没有被发现。即使如此，其中仅有大约30种细菌是危险的，而且所有的危险细菌都是非常有名的。多年以来没有发现新的细菌病，你所知道的新的疾病差不多都是由病毒引起的。细菌一直伴随在我们的内脏中、我们的皮肤上，并在所有主要的身体入口处。这些细菌实际上对我们是非常有用的，因为它们能对抗少数试图侵入我们体内并引起疾病的细菌。

如果你曾经服过抗生素，如在胸部感染时，你可能注意到服用抗生素会使你腹泻。这是因为正常存在于你肠内的"好"细菌也被杀死了，而这些细菌有助于排泄物"成型后排出"，它们被杀死后的结果就是你会严重腹泻。一些人也会发现服用抗生素会让他们更易得口疮，这是一种真菌感染，因为当正常的细菌被杀死后真菌会更容易占据主导地位，并获得更多的繁殖机会。

NO.108

蘑菇是怎么呼吸的？

从主观感觉上来说，蘑菇不能呼吸，虽然它们有"肺"，但它们不能从环境中吸收氧气来为组织的新陈代谢过程提供能量。我们还需要了解的重要事实是蘑菇并不是一个的完整组织——它只是整个有机体的再生部分。人们发现大多数真菌生长在有蘑菇生长地方。以在一颗腐烂的树木上发现的蘑菇为例，木头会被真菌的叫作菌丝的细丝网状物所渗透，而蘑菇就是由这些菌丝逐渐长到一起所形成的。当它们挤压的非常紧密时，氧气就不易从蘑菇的表面进入中心，因此真菌就必须通过蘑菇柄内的微循环来解决这个问题。通过蘑菇柄的微循环将氧气和其他有益物质引入组织的中央来保证所有菌丝的正常生长。

NO.109

水分是怎样从植物的根部到达叶子的？

这是通过蒸腾作用来实现的。当一个水分子从植物的叶表面蒸发时，它将拉出下部的水分子来代替它的位置，从而形成了水在植物中有一个持续向上的流动趋势。水分子会自然地聚合在一起并被向前拉到导管的一边——这就叫作内聚力，就是这个水分子间的内聚力维持了持续的流动。在植物的根和木质茎之间还有一层膜，它是传输水分的导管，水分在上升到叶子之前必须通过这个活性细胞膜。

NO.110

为什么仙人掌有那么肥厚的茎？

仙人掌有一个被极厚的蜡状硬表皮覆盖着的肥厚的茎。因为仙人掌生长在一个非常干燥的环境里，水分的储藏显得尤为重要。这就是为什么仙人掌没有叶子的原因——叶子太容易失去水分了。作为代替，仙人掌用它的茎来担当起类似叶子的功能，即吸收阳光、完成光合作用和制造养分。非常厚的茎可以减少水分的损失，而肥厚的蜡状厚表皮或外皮也是如此。

NO.111

是什么使荨麻刺人？

荨麻是一种多年生的草本植物。在荨麻的叶子上有一些像针一样并能很轻易刺破你皮肤的小刺毛。每一株荨麻的基部都有一个充满了蚁酸的球状茎，这些蚁酸会随着刺进入你的皮肤。这会在你的皮肤上引起过敏反应而使皮肤发红发痒。

NO.112

植物会感觉到疼痛吗？

首先你必须确定你所谓的疼痛是什么含义，这既是一个哲学问题也

是一个科学问题。我们认为疼痛是"对
物理刺激的一种反应，旨在减轻这种刺
激"。研究表明植物也有刺激反应。当一
片叶子被切断，它的表面会释放出一种
叫作乙烯的气体。这就是一种疼痛的反
应：乙烯的释放是植物受到刺激的一个
信号。这符合我们对于疼痛的定义。因
此，从这个基础上来看植物是能感觉到
疼痛的。

哎呀！

　　但如果你要使用这个简单的疼痛定义，那么你必须证明任何活着的
东西都会感觉到疼痛，因为所有的生物体都有刺激反应。细菌也有很多
例子，它们对热的反应已经被非常深入的研究。那我们能认为细菌也会
感觉到疼痛吗？

　　从一个非常低级的层次来说，植物有类似疼痛那样的体系和反应。
但这只是哲学研究的领域，因为疼痛的含义远远超过了一个简单的化学
反应。因此，可能你会认为植物确实会感觉到疼痛，但它并不是以和你
我一样的方式来感知的。

NO.113

为什么我们需要植物？

　　没有植物我们就不能生存。所有能使我们生存下去的能量都来自于
太阳，但人类和其他动物不能直接利用这些能量。我们必须依靠其他有
机体或生命形式来为我们做到这些。通过食用这些有机体，能量就被传
递到处于食物链顶端的我们这里。

　　生物从阳光中获取能量的过程叫作光合作用。大概有 50 万种有机体
能进行光合作用，而它们全都是植物、藻类和某些类型的细菌。这些有
机体将阳光变成我们生存所需要的分子，而我们得到这些重要分子的唯

一方式就是或者食用这些植物，或者食用以这些植物为食的动物。

植物对我们非常重要也是因为当它们进行光合作用时能放出氧气，而氧气是几乎所有生命体生存所需要的，包括植物本身。

记住，人类和其他动物能存在的唯一原因就是植物在我们出现之前就已经使这个世界变得适合于我们生存了。

NO.114

植物会睡觉吗？

如果你认为植物睡眠是一个静止的周期（而不是像人类的睡眠一样存在知觉上的变化），那么你可以这么说，是的，植物是会睡觉的。

很多植物有一个日常循环或节奏。雏菊在白天开花而在晚上合上花瓣，植物学家把这种现象称为"睡眠行为"。产生这些行为的一个可能的原因是由于植物对不同光波的敏感度。

无疑，植物可以区分什么时候是白天或是晚上，以及夜晚会持续多长时间。它们含有一种光敏色素，它有两种存在形式：一种形式对植物在白天吸收的红外光敏感，而另一种则对夜晚的远红外光敏感。不同形式光合作用的相对数量使植物能够区分白天和夜晚。在晚上用一束突如其来的日光来干扰植物会打乱植物的功能，那就是为什么一些植物在晚上会闭合起来，就是为了减少这种事发生的可能性。

NO.115

为什么木头不会融化？

液体是游离分子的集合体——换句话说，它们能很轻易地到处移动。但木头是由很多纤维素组成的，这些纤维素又是由非常长的聚合体链构成的，这种长链不能轻易地到处移动。在聚合体的羟基之间也有氢键来使所有东西结合在一起。换句话说，你必须用极大的能量才能破坏这些键，而这样在木头融化之前它就将分解为其他物质，不再是木头了。

NO.116

玻璃是液体吗？

玻璃不是一种液体，它就像其他任何固体一样是固体。拿一只玻璃瓶敲敲你的脑袋。你就会发现它确实是固体了！然而，认为玻璃是液体的人可能指的是玻璃是一种过冷的液体这个事实。

对于所有的固体元素、很多固体化合物和混合物，加热都会使它们熔化，而这种熔化反应会在一个确定的温度下发生，这个温度称为熔点。只要温度低于熔点一点点，物质就仍是固态，并保持一个确定的形状，但只要温度超过熔点一点点，物质就会变成液态并可以被浇铸。

对于玻璃来说情况并不如此。不断加热只会让玻璃变得越来越软，它没有那么简单明确的熔点或冰点。太妃糖也是一样的。在冰箱里放了一会儿的太妃糖，你会发现它是惊人的坚硬。如果你把它加热你将会发现它并没有明确的熔化温度，只是变得越来越软。我们可以为玻璃体定义一个温度，叫作玻璃化温度，它说明在黏度随着温度降低而增加这个范围内，温度变化最快。但这和冰点或熔点并不一样。

NO.117

我们可以从哪里得到氦气？

氦是第二轻的元素——仅次于氢。它是一种无色无味的气体并被用于很多地方，包括充气球。它也被当作一种冷却剂来为火箭燃料仓加压，还被用于水下呼吸器中。

氦是 1868 年法国天文学家皮埃尔·让森在太阳的大气层里发现的。而 1895 年英国化学家威廉·拉姆齐爵士在地球大气层中也发现了氦，不过仅占一个很小的一部分。它也被发现存在于放射性物质和物质源中。但这些仅是很小的一部分，远不能提供足够多的量，来为全世界举行的生日派对充气球。

幸运的是在美国的天然气田中发现有大量的氦的存在，而稍小规模的供应源也在加拿大、南非和撒哈拉大沙漠中被陆续发现。氦是从天然气中分离出来的，在低温高压下将天然气中的其他成分液化，剩下的混合气体中氦含量至少超过 90%。通过冷冻、活性炭过滤，混合气中的其他气体被吸收，剩下的就是非常纯的氦气。

NO.118
为什么铁不会溶解于水中？

构成固体的所有粒子都是被黏合在一起的。这些黏合力可能是不牢固的，也可能是很牢固的。要溶解某些物质，物质粒子间的黏合力就必须被破坏掉。

如果这种物质是固体，那么粒子都会相当乐于粘在一起，要把它们"劝"开，你必须给它们更有吸引力的东西。因此，如果你想要用一种液体溶解一个固体，那这种液体粒子必须能够为那些单个的固体粒子提供很好的黏合力。这样固体粒子才会才被一个个分离出来，然后与液体粒子形成大量结合物，并非常乐意和它们的新朋友相处。

简单地说，物质可能会溶解于相似于自己的物质之中，因为在固体和液体粒子之间可能有着相近的结合机会。但铁和水是非常不同的物质。水善于溶解许多东西，但却无法溶解金属。在金属中所有粒子结合得非常紧密，而水却不能提供如吸引力那样的任何东西来使它们分开。

NO.119

为什么不能从两头捏碎鸡蛋？

　　鸡蛋是一个精巧的工程结构。如果你用勺子击打鸡蛋的侧面它确实会碎掉，但这是因为那里是蛋壳最薄并易被破坏的一处地方。因为鸡蛋的形状，作用于鸡蛋尖端的压力使它表现的就像它是建筑或桥梁上的拱形结构一样。在拱形结构中，负重紧压在整个构造上，而构成蛋壳的碳酸钙在受压时是非常坚强的。

NO.120

为什么香蕉皮会从绿色变成黄色？

　　这完全是因为香蕉会产生乙烯的原因。乙烯是一种植物催熟激素，由整个果实产生。它是当香蕉内的一些细胞在脂质膜内被氧化产生不饱和脂肪酸时产生的。

　　当乙烯被生成后，它会破坏果实中的纤维，让果实变软。它也会促使淀粉分解为糖分，使果实变甜，同时植物中的叶绿素也被破坏，使香蕉皮的绿色消失。那些使成熟的香蕉变黄的色素在香蕉是绿色的时候就已经存在于果实中了，只不过在叶绿素被破坏之前被叶绿素所掩盖着。

NO.121

怎样把番茄催熟？

　　如果你希望通过催熟方式给一只乏味的超市番茄带来一些香味，你可能是在浪费时间。因为不管你怎么做，都不能使它拥有自然成熟的味道。

　　商店里的番茄是经过仔细的培育并挑选的果肉结实的番茄。即使你认为它太结实而且没有什么香味，可颜色却是红的，感觉就像它即将成熟了一样。

通常，番茄在室温下放置几天后就会变熟并变得有一些香味。储藏时应避免阳光照射，因为阳光直射会使番茄在还没成熟时就已变软，同时维生素 A 和维生素 C 也会流失。将番茄储藏在冰箱里，并保持温度低于 10℃时，会更快地失去它们的香味和滋味。

如果你想让番茄成熟的更快些，这里有一个窍门你可以利用。把它们和香蕉或苹果一起放在一个纸袋里。当香蕉、苹果成熟时会释放出一种化学物质即乙烯，乙烯会刺激番茄成熟。

NO.122

怎样让生鸡蛋弹起来？

答案也许让你大吃一惊——把鸡蛋泡在醋里。因为在醋里浸泡过的鸡蛋不再和你先前放在那里的鸡蛋一样了。当你把鸡蛋放到醋里后，首先发生的变化是蛋壳表面起泡。在 72 小时后蛋壳会消失，而它的一部分可能会漂浮在醋上。但因为鸡蛋的内层薄膜没有被醋溶解掉，所以鸡蛋还能保持完整。

蛋壳是由碳酸钙构成的，当它和醋酸发生反应时，就会产生二氧化碳气体，也就是你在鸡蛋表面看到的那些气泡。而裹着鸡蛋的那层膜并没有在醋中溶解，反而会变得更加有弹性。

你可能发现鸡蛋的尺寸也变大了。这是由于渗透作用——醋中的水分通过外层的细胞膜进入鸡蛋内。这种运动的发生是因为水在鸡蛋内部比在醋中能溶解更多的物质，而水总是通过膜朝能溶解更多物质的方向运动。这就是为什么鸡蛋会变得更大的因素。

如果在实验之前把鸡蛋煮熟了也没关系。一个煮熟的鸡蛋将看起来更精致且有弹性，而一个没有煮过的鸡蛋看起来则是黏糊糊的，就像一个装了水的气球。

第 **5** 章

真的是眼见为实吗？

NO.123
为什么镜子里的一切都是左右颠倒的?

首先，你关于事物被左右颠倒的认识是错误的。如果你看着镜子里，你左手边的东西仍然在你的左手边，而你右手边的也仍然在你的右手边，至于上和下也是一样的。这实际上是一个被延续的谬论，因为直到你坐下来苦苦思索光线到底发生了什么变化时，仍然感觉传言好像还是真的。那并没有什么发生了翻转，因此事物看起来为什么是颠倒的是没有什么原因的。

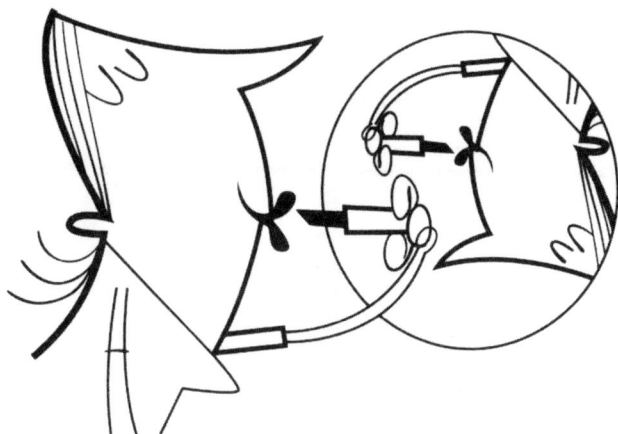

NO.124
镜子能让房间更亮吗?

一面镜子并不能产生出比已经存在于屋中的光还要多的光线。它不能凭空造出光来，必须有能量来发光。所以，你可以使光线四处地反射，但也只能做到这些。你不能指望对墙上踢出一只足球后，得到两只足球，并希望反弹回你那里的足球是另一个"新"足球。

　　通常，光到达物体表面后，会被这个表面所吸收，那就是为什么黑板那么黑的原因，因为它吸收了所有的光波因而看起来很黑——这是光的损失。那镜子对光做了什么呢？与吸收光线相反，镜子会完全的反射光线。那就是为什么看起来好像屋子里更亮了。

NO.125

为什么镜子不是白色的？

　　大家都知道，白色的物体是因为反射了所有射向它表面的光而呈白色，比如白纸。镜子也可以反射所有的光，但它为什么不是白色的呢？因为白纸不像镜子那样只是反射光线。白色的物体看起来是白色的，那是因为它们吸收了所有的有色光，然后又把它们以一种单色——白色的形式发射出来。如同一个蓝色的物体会吸收所有的颜色而只发射出蓝色光。而镜子没有做任何吸收，它只是简单反射回投向它的东西，因此光经受的是不吸收或者说是再发射的情况。

NO.126

单向玻璃镜是怎么回事？

　　我们都见过那种单向玻璃镜，从这边看是一面镜子，可背面看过来却是透明的玻璃。为什么会有这样的玻璃呢？我们可以制造一个试试吗？你需要一种看上去像烟熏过的暗色玻璃，并给它镀上一层通常是由铝合金制成的非常薄的反射材料膜。这层膜必须非常薄，因为需要确保一定数量的光线能穿过它，但因为它也会发生反射，某些落到它表面的光会被反射回去。

现在，设想一下墙上有这样一面玻璃，而你是一个间谍。因为在你和镜面之间有暗玻璃，所以你的影像不能足够亮到穿过它，而在镜子远端的一些人只能看到他们自己的镜像，你却可以看到他们清晰的影像，尽管有些暗。你可以通过把你这面的光线增大到使你的影像明亮的方式把一面单向镜变成一扇清晰的窗户，那么你从两边都能透过它看对面。

NO.127

汽车后视镜
为什么能减淡后车前灯眩光？

镜子背面通常会镀上一层银，而那就是大部分光线发生反射的地方，但仍有大约 5%的光线被镜子表面反射。一面普通的镜子前后两面一般都是平行的，并且我们不会注意到有什么影响。但汽车后视镜是楔形的，因此前后表面射到你眼球的反射映象处于不同的角度。在晚上倾斜镜子，就是为了减弱前表面反射率从而使后车的灯光看上去暗淡些。

NO.128

为什么我们在火车上看到近处的物体
向反方向移动，远处的却没有？

从本质上来说这全是由于参照物的原因。很容易解释为什么靠近我们的东西会向反方向运动——因为他们确实如此。以背景物体做参照物，它们是在向反方向飞速地运动。

对于更远的物体——通常是在地平线上，或是至少在你还能看得到的地方——那些物体无疑也是在向后运动因为火车在向前奔驰，但我们看到的却不是那样。我们的大脑很少能看到物体真实存在的情况，而更趋向于依赖参照物做出判断。

如果我向办公室的窗户外看，大概可以看到 50 米外的房子。在房子的前面有一棵树。我不能看到比这所房子还远的任何东西。当我走向窗子，那棵树很明显也在向后移动，但房子看上去和我同向移动。如果我把手伸出去并指向房子的一扇窗户，我看到我的手臂确实开始移动，而当我向前运动的时候，手指所指的地方已经在我的后面了。通过所指的那个目标，我可以给自己定一个参考点，通过它我能看到那扇窗正在向后移动。在正常情况下我是看不到这个的，因为没有任何参考点来比较房子位置的相对变化。不过，如果那所房子是透明的那就会有其他一些在它后面的可见物来比照它的位置变化，那么我所能看到房子就会像那棵树一样向后移动了。

你不能在火车上这么做，因为即使你把你的手伸出去，由于地平线太远了，你还是无法精确地指向它。

NO.129
为什么远处的青草看上去更淡一些？

地平面附近的事物会受空气的影响，而这些也影响到我们怎么看远处的事物。在你和目标之间，空气中的灰尘数量随着距离的增大而增加，而地面热量的上升也能改变空气的折射指数。所有这些情况会分散并污染你从目标地接收到的光线。目标体越远，这种污染就越多。

太阳光由不同颜色的光线组成。靠近你的草会反射绿色光而吸收红色和蓝色光，使你观察到草是绿色的。而远处的草也会反射相同数量的绿光，但同时空气中的灰尘也会向你反射白光（所有的有色光）。这种光的散射会冲淡你看到远处草的绿色。

这在城市中最明显。如果你在一座高楼向外看，远处的楼看上去比近处的要更暗淡一些。它们并不是真的那样，然而看上去就是更暗，因为很多光线反射向你，只不过这些反射过来的光并不都是一个特定颜色的光。

所以，如果你喜爱画画，那么在画山水时，一定要把背景画得比前景暗一些，因为这样才符合我们看到的"事实"。

第 6 章

了解你的身体

NO.130
人体按分解的化学成分计算，值多少钱？

让我们由体重来开始研究人体的构成（忽略一些较小的微量成分）：

化学成分	百分比（%）	化学成分	百分比（%）
氧	65	硫	0.25
碳	18	钠	0.15
氢	10	氯	0.15
氮	3	镁	0.05
钙	1.5	铁	0.0004
磷	1	碘	0.00004
钾	0.35		

现在，让我们假设某人体重为 70 千克，按照体重划分，这些成分的重量如下：

化学成分	重量（kg）	化学成分	重量（kg）
氧	45.5	硫	0.175
碳	12.6	钠	0.105
氢	7	氯	0.105
氮	2.1	镁	0.035
钙	1.05	铁	0.00028
磷	0.7	碘	0.000028
钾	0.245		

现在，我们需要了解这些成分的价格。我们可以参照化学目录并采用化学物质的平均质量，因为我们大多数人都处在平均水平。

化学成分	重量（kg）	人民币价格（元）
氧	45.5	2.89
碳	12.6	1 323.22
氢	7	25.87
氮	2.1	0.15
钙	1.05	2 365.19
磷	0.7	735.13
钾	0.245	6 074.91
硫	0.175	17.50
钠	0.105	277.31
氯	0.105	3.35
镁	0.035	12.63
铁	0.00028	0.02
碘	0.000028	0.03

由此得出人体价值为 10 838.20 元。

NO.131
人体最强韧的肌肉是哪部分？

舌头！这也是人体唯一一块仅有一端与人体相连的肌肉。

至于其他部位的肌肉，最长的是从臀部到膝盖的缝匠肌，表面积最大的是覆盖背部的宽阔的背阔肌。

NO.132
为什么练空手道的人可以徒手劈砖？

空手道是武术的一种，它要求身体以受到最小的伤害来释放出最大的攻击潜能。这些体能训练要求一丝不苟才能做到。因此，如果没有学习过正确的方法请你不要去尝试。这里面同样包含一些物理原理，因为速度是这个"技巧"的关键。记住，力量的释放与质量和速度乘积的平方是成正比的。简单地说，一只受过正确训练的手以每小时 38 千米的速度击向一块砖，它释放的力量约为 2980 牛顿。这个力量如果是施放在一个大的面积上就不足以劈开一块砖，但是因为力量的释放范围只有一个拳头那么大，砖就被劈开了。同样，砖头摆放的方式——通常在两端支撑——也使它会更容易被劈开。

NO.133
砖头比骨头硬吗？

一些对骨头实际承受力量的研究表明，它们可以承受高于混凝土 40 多倍的压力。手和脚比单纯的骨头可耐受的压力更大，是因为它们的皮肤、肌肉、韧带、腱和软骨都可以吸收大量的冲击力。因此一只健全的脚可以忍受的压力是混凝土破裂前所承受的压力的 2000 倍。

NO.134

走路的动作需要思考吗？

　　最简单的问题总是最难回答！行走涉及中枢神经系统内的一个固有程序，这个程序根据大脑所获取的感观信息不断地自我调整。基本的行走程序可能不需要任何"思考"，但是我们需要根据外界（环境）和来自于我们意图的内在思想的变化，不断对我们的行动做某些调整。

　　我不能确定你对思考力是怎么理解的，但如果你是要讨论所拥有的神经细胞的数量，对于蜘蛛而言，人们已经计算出在它们的中枢神经系统中所拥有的 30 000 个神经细胞里，只有不到 1 000 个是负责运动的。当然，这些细胞相互交织成非常复杂的网络，因此那并不是一个简单的东西。我们自己的神经系统里有成千上万个神经细胞，而要知道有多少与运动有关那几乎是不可能的。

　　或许，有一个事实比任何假定的计算更重要，那就是一个"低等"动物在没有发达的大脑的情况下，还可以移动得和我们一样好或一样快。鳄鱼只有一个很小的大脑，但是它仍然非常敏捷；而家蝇也仅有微小的大脑，但对复杂的飞行动作却有充分的准备。所以走路并不是简单地与神经系统的大小有关，否则苍蝇永远也不会离开地面。

NO.135
为什么深海潜水者说话的声音那么有趣？

对于潜水者来说纯氧气就是毒气。甚至连空气中的氧气（只有20%的含量）被空气中的氮气和其他气体稀释后仍然是有毒的。然而，和我们所有人一样，潜水者也需要氧气来生存，因此他们要带上压缩气体罐。

潜水者潜得越深，他身上所受到的压力也就越大，因为他头上的水重量在增大。当然，他体内的气压也一定增加了，否则他会被压扁的。

问题是在高压下，压缩空气中的氮气和氧气一样会在血液中分解，当潜水者重新回到水面，他体内的压力开始减轻，分解的氮气以气泡的形式出现。如果潜水者返回得比较慢，这些气泡会在肺中消失而不会出现什么问题；但是如果潜水者出来得太快，就会在血管里形成气泡从而堵塞血管，造成剧痛甚至死亡。这被称作"潜压病"。

在巨大压力下工作的深海潜水者会通过在他们的压缩空气中充入不同于氮气的其他气体来避免这种情况的发生——他们使用惰性的、并不会在血液中分解的氦气。

为什么声音会那么有趣呢？在氦气中声音的传播速度大约是空气中的3倍，这就导致从嗓子里发出的声音的频率发生了改变。男性潜水者的声音听起来更高，颇像唐老鸭，而声调本身就高的女性的声音听起来就更加怪异了。

为什么氦气会使声音的频率上升呢？首先这与人类发声的方式有关。我们使空气越过声带使之振动。我们通过"选择"声带的长度和张力使之以我们想要的频率共振。如果我们呼吸的空气中声音的速度加快了，这种共振频率也会加快，你的音调也就提高了。

NO.136

为什么女性的嗓音比男性的高？

这只是因为女性和儿童的声带较短。音调的高低依赖于声带的振动频率，而那些频率又取决于声带的张力和长度。因此，声带越短就意味着音调越高。

NO.137

打嗝是怎么引起的，能治愈吗？

打嗝是由膈膜的突然收缩造成的，这个重要的肌肉位于胸腔底部，刚好在胃上方，它主要负责呼吸运动。

当我们吸气的时候，肺不会直接扩张：肺的扩张完全是因为我们扩大了胸腔的体积。由于肺"粘"在胸腔内部，所以当胸腔扩大时它们也不得不随之扩大。膈膜是推动这种扩张的肌肉。当你打嗝的时候，膈膜会突然抽动，这就使空气进入肺中。同时，声门（喉咙顶部凸起的那一小块，也是喉的一部分）会突然闭合。这个突然闭合隔断了空气从而引起打嗝。

打嗝不是开始于膈膜自身的肌肉，而是始于分布在膈膜里的神经——膈神经。在吃饭的时候打嗝是常有的事，因为分布在胃里的神经与呼吸神经有联系。不过打嗝会发生在任何时候。

打嗝有各种各样治愈的方法，例如站直并仰头喝一大杯水；举起双臂并屏住呼吸；用手指捂住耳朵并喝水；让某人突然给你一个惊吓，当然可能还有很多其他建议。这些方法是否有效很难说，但是当你试完所有这些复杂的方法之后，你可能就会停止打嗝了！

NO.138
活跃的大脑要消耗多少能量？

这个问题是可以算得出来的。大脑所消耗的能量大约是休息时机体所耗能量的 20%。因此，如果一个 65 千克重的男人在休息时身体能量消耗为 5.23 千焦／分钟，而一个 55 千克重的女人休息时的能量消耗为 3.77 千焦／分钟，那么这个男人的大脑消耗的能量大约为 1.05 千焦／分钟，女人的大约是 0.75 千焦／分钟。如果你想通过消耗更多能量来减肥的话，没有必要考虑这个方法。

NO.139
一个血红细胞在体内循环一次要多久？

首先我们需要了解一些基本信息。我们假设一个人体重为 70 千克。由于体重的 7% 是血液，所以我们体内就有大约 4.9 升的血液。如果放松时的心脏速度是每分钟 67 次，每一次心跳会泵出 0.1 升血。因此 1 分钟内心跳会泵出 6.7 升血。这就意味着 4.9 升血循环一次需要 44 秒，即平均一个血红细胞要用这么长时间来循环一圈。所以答案就是 44 秒。

NO.140
两兄弟的眼睛颜色不一样，
那他们是亲兄弟吗？

通常眼睛的颜色主要是由一个基因控制的，不管是蓝色、棕色或是黑色。棕色是显性基因，那就是为什么棕色眼睛的人要比蓝色眼睛的人多。

我们遗传了双亲中间每一个人眼睛颜色的一个基因。如果你的兄弟是蓝眼睛，那他就继承了两对蓝色形态的基因（父母各一对），而你继承了至少一对棕色基因。你的另一对基因可能是蓝色，但是由于棕色基因是显性基因，所以最终你的眼睛是棕色的。

NO.141

寒冷的天气
真会使人排尿次数变多吗?

不一定。但是当你走出房间来到寒冷的室外，你的身体会设法通过转移血液供给来保存热量，血液离开那些肢体末端，如手指和脚趾，而进入身体中心。这样产生的一个效果就是增加了身体中心的血压——包括肾——从而产生出了更多的尿液。除此之外，人体在冷天时并不会像在热天那样分泌出等量的汗液，因此，水必须以其他的方式排泄掉。那样也可能使你排尿次数增多。

NO.142

喝太多的水真的会死吗?

水中毒,或者说"醉水",在成人中是很少见的。其症状表现为头痛、恶心、缺乏协调力、不正常的低温和癫痫发作。所有这些症状都是由于人体所有组织内渗透压的改变引起的,而渗透压的改变是由于水从细胞周围的液体流向细胞内部造成的。这就导致了两个严重的后果:一是体内液体的增多造成大脑颅内压升高,这会导致癫痫发作甚至是死亡;二是血容量下降,这会导致血循环的中止。如果这些症状一起发作的话,就很容易致死。

NO.143

医生叩击病人的膝盖是为什么?

医生用这种方法来看膝跳反射是否正常。如果正常,就表示病人的神经系统是正常的。事实上,像这样的深层腱的反应为医生判断神经系统的整体健康状况提供了宝贵的信息。

反射是迅速的，一次简单的反射包括了周围神经系统的神经元与脊髓之间的联系。大脑可能会感受到这个信息的传递，但并不会参与到实际反应中去。这就使反射独立成为衡量神经系统健康与否的标准。用叩诊锤在膝盖的髌腱上轻轻敲击，使控制膝关节伸屈的大腿肌伸展开。在肌肉里的受体（也叫纺锤体）对肌肉长度的变化做出反应并产生神经冲动。这些冲动跟着携带有信号的感觉神经细胞向脊髓传递。在这里它们形成突触（电信号从一个神经细胞转移到另一个细胞的连接点），随即一个信号被直接返回到腿上，一直向下发送给大腿肌。这些合作最终导致小腿向前摆动，使得膝盖也跟着摆动。但是如果你的神经系统状况不佳，操作起来就不会这么顺利了。

NO.144

屁的味道是怎么形成的？

屁是由于大肠内的细菌活动造成的。这些细菌使未消化的食物发酵，释放出氮气、二氧化碳、氢气、甲烷和硫化氢。后 3 种产生的量很少，但是硫化氢气体以其臭鸡蛋味而著称，即便在它的量很少时它的气味也非常明显。这就是屁的气味的源头。顺便提一下，甲烷和氢气使屁非常易燃，你可能听过这样一个故事，在一个狂野派对上，一个人大概喝醉了，被劝诱试着把他们的屁点着。然而，当时认为的好主意，后来被证明绝不只是一个玩笑：后果非常严重，他需要住院治疗。而且还需要向护士解释这是如何造成的，这同样非常痛苦。

屁的成分是极为不稳定的。我们所吸入的大多数空气，特别是氧气，在进入肠道之前都被身体吸收了，因此到达大肠的大多数是氮气。细菌的活动同样也会制造出氢和甲烷。但是从我们的肛门释放出来的这些气体之间的比例跟如下几个因素有关：我们吃的东西、吸入的空气量、肠内的细菌种类、控制屁的时间。

屁被控制的时间越长，它包含的惰性氮的比例就越大，因为其他气体会通过肠壁被重新吸收到血液里。所以一个神经紧张的人在吸入了大量空气并迅速把它排出消化系统后，他的屁中可能会有很多氧气，因为他的身体没有时间去吸收氧气。

NO.145
为什么我们的脚和小腿容易抽筋？

抽筋是肌肉或肌肉群持续性的反常的挛缩，也是一种张力亢进和过度肌紧张的状态。它是由于 α 神经细胞异常兴奋所造成的，这会使得你的肌肉收缩，不管你怎么努力都无法放松它们。从本质上说，这意味着控制肌肉挛缩的神经在持续不断地向肌肉发送收缩信号，就在你希望它们放松的时候，它们已经胜利了。

有时候你会在运动之后抽筋。这是因为没有足够的氧气进入肌肉，肌肉只能进行无氧代谢，抽筋意味着缺乏氧气。肌肉通过这样做来获得足够的能量去收缩。但是因为缺少了氧气，呼吸过程就造成了乳酸的堆积，从而引起疼痛，而且没有氧气，这种乳酸就不能分解。

如果你是健康的，你肌肉中的肌肉纤维数量便会增加，就和血液供应一样，而这使得更多的氧气进入肌肉，所以肌肉在感觉疲劳之前可以运动得更久。这也移走了更多的乳酸，所以抽筋的机会就小了。如果你足够健康，从来没有遇到过肌肉不能除去运动时产生的乳酸的阶段，你就不会抽筋。

我们之所以腿脚抽筋比较多，是因为和身体其他部位相比，腿的血液循环效率比较低。由于供血量的减少，到达腿的氧就更少了，这使得抽筋看起来更应该归因于乳酸的堆积。

NO.146
为什么我们每次打喷嚏时都会闭眼呢？

因为按照自然规律，你打喷嚏的时候不可能睁开眼。打喷嚏是由自主神经系统控制的反射反应，它控制着心率和呼吸，并不能被有意识地控制。曾经有个说法是，如果打喷嚏的时候不闭眼的话，眼睛就会突出来，不过没人能够尝试一下。但是那是唯一的解释，因为科学家没有提出其他解释。

NO.147
为什么我们的手指长度不一样？

人在胎儿时期，手指最初形成时都是一样长的，不过每一根手指都有一个特殊的"遗传码"或特征。这时，每根手指大约都是一毫米长，并由已做好生长计划的软骨细胞构成。由于每根手指有它自己的特性，个体发育时手指通过使用一种特殊的"信号传输分子"独自成长。

每个手指都会接收到的一个不同的信号，从而使得手指的长短不一。拇指是受信号传输分子的影响最小的手指，所以比较短。

这就是手指长得长短不一的原因，然而对于为什么会这样就很难回答了。或许这是为了让我们的手指可以尽可能地握紧；或许是为了当大多数人把手握起来时，指尖能达到了同一个位置——你可以试试看。

说了那么多，和其他一些生物相比，人的手指还是相当均匀的。蝙蝠的指头比起其他动物的长得很多；翼龙最引人注意的是它有一个巨大的大指头和 3 个小指头。

NO.148
指纹被破坏后还会长出同样的指纹吗?

指纹由帮助我们抓紧物体的"摩擦嵴"产生。如果这些嵴因为伤口而被破坏了,那么伤口的深度决定了你的指纹是否可以恢复完整。伤口太深可能会产生伤疤,这使得指纹看上去和原来的指纹不一样了。但是如果伤口浅的话,嵴和皱纹就会长回原型——它是永远不会改变的,不管伤口有多深。

NO.149
为什么我的胃有时候会发出咕噜声?

你的胃会不时地发出咕噜声,其实它一直都这样的,而并不只是在饥饿的时候。腹鸣——胃咕噜声的专业术语——是由气体的移动造成的。我们咽下食物的同时也咽下了空气,胃的伸缩会把空气推来推去。胃趋向于制造更多的咕噜声,或更强的收缩,所以当你紧张或饿的时候,声音就会更响。不过不要担心——和其他人相比,你离你的胃更近,而声音是通过骨头和肌肉传到你的耳朵里的。所以大多数的咕噜声别人是听不到的。

NO.150
为什么有些人的头发天生就是卷曲的?

这是一个简单的问题,但是科学上仍没有真正的答案。
我们知道是什么影响着头发的直或卷:基因、新陈代谢(身体反应)、种族遗传、饮食、疾病、也有可能是压力或打击。同样,在胚胎里发生的事也可以起到作用。

我们认为头发的卷曲与毛囊的形状有关，直发来自直的毛囊，卷发来自卷的毛囊，但这并不能解释个别人的头发怎么能从卷的变直，反之亦然。

头发的生长取决于毛囊基部乳头的细胞分裂。把生长的头发想象成一个钟面，如果细胞在每小时的方向以平均速度分裂，头发就会直着生长。如果头发在 3 点钟的方向比其他时段长得快的话，那头发就会朝 9 点钟的方向弯曲；如果在 9 点钟方向的头发长得比较快的话，头发就会朝 3 点钟的方向弯曲，这样就会得到弯曲的头发了。

当头发细胞在一个"绕着钟"的循环里分裂得更快时，就形成了紧密的卷发。如果某个卷发的人毛囊里的细胞突然开始以匀速分裂，头发又将开始直着生长。

NO.151

双胞胎的指纹相同吗？

不，即使是同卵双生的双胞胎（一个受精卵里生出的双胞胎）的指纹也有些不同。

指纹在出生前就形成了，并且它们的形状被认为受到营养及怀孕的 13 个星期中手指的生长的影响。一旦手指成型，一块皮肤就会覆盖在最终成嵴的手指上。血压较高的胎儿手指垫是肿的，所以形成的形状更像螺纹。虽然生活中手指可能会留下疤痕或被损伤，但它们本身的形状不会改变。指纹永远是独一无二的，不光是手指，脚趾也同样如此。某些相配的形状经常存在于双胞胎中，但是最终还是没有完全一样的。

NO.152

双胞胎有可能都是左撇子吗？

一些人争论说用右手或左手的习惯是一种遗传特性。根据估算，如果双亲习惯于用右手，他们的孩子是左撇子的可能性只有 9.5%；如果一个家长是左撇子，这个数值就会猛升到 19.5%；如果双亲都是左撇子，这个数值就达到 26.1%。所以如果用右手或左手的习惯真的是由于遗传的话，那双胞胎就会有同样的用右手或左手的习惯，因为他们会具有一样的基因遗传。

根据目前的证据，似乎双胞胎应该拥有一样的用手习惯。

但是一些人争论说孩子是被培养成左撇子或右撇子的，也有可能受到子宫内环境的影响，例如异常高的睾丸激素水平。如果这是真的的话，双胞胎就可能有不同的用手习惯。

NO.153

指甲是怎么生长的？

看看你的指甲，你会发现指甲的底部是嵌入手指里面的。这部分指甲称作甲床，也就是指甲生长的地方。细胞在甲床分裂，形成新的甲细胞，并把老细胞推到手指的顶端。一旦指甲在甲床中形成了，细胞就会死亡并由一种帮助保护指甲不受损害的坚韧的蛋白质——角蛋白所覆盖。这就是指甲的生长方式，通过底部的新细胞把上面的细胞推向指尖。

几乎所有的人体细胞都是通过一个叫作"有丝分裂"的过程形成的。有丝分裂就是由一个细胞通过自我复制形成另一个同样的细胞的过程。首先，遗传物质被复制了；其次，细胞的其他所有东西都被做了备份；然后细胞自我分裂成两个，每个部分变成一个完整的新细胞。这就是身体成长并自我更新的过程，当然也包括你的指甲。

NO.154

指甲一个月能长多长？

指甲以每个星期 0.5 毫米的速度生长。因为每个月有 4.33 个星期（52 个星期除以 12 个月），所以指甲每个月将长 2.16 毫米。夏天它们会长得稍微快些而冬天稍微慢些。脚指甲生长的速度比手指甲稍微慢些。

NO.155

是什么使得尿液呈现黄色？

尿液是机体最完美的废物处理系统的一部分，由肾脏控制。肾脏的工作职能是控制血液中盐含量，过滤血流中的废物。所以尿液里含有水、盐和身体需要丢弃掉的废物。

主要的废物是来自于身体细胞内的氨和血液中血红蛋白裂解后释放出来的胆红素。这些物质对身体都是有害的，所以肾脏把氨转变成了尿素并把胆红素降解为尿胆原，它们都是黄色的。但是如果你喝了足够的水就可以稀释尿胆原，从而使尿液颜色变淡。这就是为什么脱水的人的尿液颜色会非常黄的原因。

NO.156

人每天都在脱皮，但是量有多少呢？

的确，我们每天都在蜕皮。每分钟我们会脱落 30 000 到 40 000 个细微的皮肤细胞，加起来，我们每年脱落的死皮能达到 4 000 克，这是一个令人惊讶的数字。这些死皮有些是自己消失的，但是大多数是由于和一些东西发生摩擦而消失的，包括我们的衣服。那死皮消失后都到哪里去了呢？你只需要看看室内的尘埃就知道了。

不过不用担心，新的细胞会继续形成以代替那些脱落的细胞。皮肤的最外层，你能看见的那部分，叫表皮，由 4 个或 5 个明显的细胞层组成。我们的手掌和脚底通常比身体其他部分接触到的摩擦更大，所以它们有特别的表皮细胞层。

死皮细胞从你的表皮顶层即角质层脱落，角质层由 25 至 30 个平层面和粗糙的死皮细胞构成。表皮底层叫作基底层，那里的细胞连续不断地分裂，从而生长出新细胞，这些细胞一层一层地通过所有表皮层直至角质层，这有点像人们排着纵队从后向前移动到队伍的最前面。

一个表皮细胞的生命很短：大概是细胞形成后的 2 至 4 个星期，它们就会死亡然后等待吸尘器的清理。

NO.157

我们的皮肤经常脱落，
为什么文身还能保持下来？

人类的皮肤有两层：外部的表皮层和内部的真皮层。外面的那层大概有 4 个或 5 个细胞那么厚，但是真皮则会更厚些。做文身时，颜料会被深深地注入皮肤底层的真皮细胞中。真皮相对稳定而且一生改变都不大。在表皮层，细胞是被完全替换的；但在真皮层，仅是个别细胞需要替换而不是整个细胞层。因此一旦你文了身，它就会一直留在你的身上，即使是身体清洁剂也不易帮你摆脱掉它。

NO.158

秃头的人会有头皮屑吗？

当然会有。很倒霉不是吗？头皮屑是由头皮上的细菌、酵母菌和真菌类造成的，不管头皮那儿有没有头发。然而，头皮屑更多见于长头发的人头上，因为浓密的头发有助于保持温度和水分，从而为小虫和诸如此类的东西提供了理想的生存条件。

NO.159
为什么手抓过硬币后会有味道？

因为发生了很多化学反应，最大的反应就是你手上的汗和硬币中的金属发生的反应。

汗的成分随你吃的食物不同而变化。如果你吃的是高蛋白食物，你的汗里含氮的化合物的含量就会比较高，如氨，当这些化合物与硬币所含的铜接触时就会形成新的化合物。

并不是相同的硬币在所有人手中都会产生同样的气味。如果你把一枚硬币放在一个健康的运动员（假设他已经吃了蛋白质来提供耐力和毅力）手上，他们手上的味道会比那些享受了肉或奶酪自助餐的闲人手上的味道更重些。同样，男运动员可能会比女运动员对硬币有更强的反应，因为高浓度的睾丸激素降低了体内的酸度，这可以从汗液中含氮化合物的增加来证明。

NO.160
在太空中会流鼻涕吗？

根据美国国家航空航天局（NASA）所述，宇航员在太空里经常会抱怨头晕，特别是在失重状态下的头几天。这可能是因为宇航员腿部和腹部的液体上移到胸腔，而且头处在无重力的环境中的原因。然而，流鼻涕不会在太空中发生，因为没有重力作用使液体流下来。过量的液体会留在宇航员的鼻腔里直到他们擤鼻子，通过压力会使得液体流出。

NO.161

吃鼻涕对身体有害吗？

　　我并不这么认为。事实上我们总在吃它。黏液——鼻涕严格意义上的名字——是由连着呼吸道的细胞产生的，我们经常咽下这种东西，因为它会通过叫纤毛的微小毛发缓慢地流到喉咙后部。黏液完全不是有害物，它是一个防御物质，用来抵御出现在空气中的粉尘和细菌，而且让它在胃中消失会比在你的肺中更好。

　　如果黏液抵挡了空气中确实有害的颗粒，咽下它是有害的。但是那样的风险是很小的，因为胃里的环境是相当"艰苦"的，有害细菌在胃里不易生存。所以，不管你咽下多少你自己制造的黏液，最后进入你胃中的这个路程是不会有异常的。

NO.162

为什么大多数歌剧演员都那么胖？

　　有一种理论认为超重对发音有益。我们身体的许多部分相互作用产生了声音，我们称之为嗓音，但是最重要的部位还是喉咙。

　　我们的声音来自喉咙里声带的振动。喉咙的外表面有一层黏膜组织，它是用来缓冲声带振动时所产生的碰撞的。一些研究显示当黏膜比较厚实且丰满时，就能更有效地将肺部的气流转变成更高、更有力的声音。如果你超重，你的黏膜里就会堆积更多的脂肪组织，从而也就会使你的声音变得更有力。

NO.163
为什么有的人的肚脐是凸出的，
而有的人则不是？

这完全取决于你出生后的几个星期。在子宫里连接母子的脐带为胎儿提供着氧和营养物。脐带在出生后就被立即剪断，穿过脐带中央的那个洞的闭合方式最终决定着肚脐是凹陷还是凸出的。

如果你的腹部肌肉没有完全地闭合起来，那你的肚脐就会凸出来。而假如肌肉可以完全闭合，你就会有一个凹陷的肚脐。出生后剪断脐带的方式对今后肚脐的形状也有一定的影响。如果剪得好你将更可能有一个凹陷的肚脐，而且只会留下一小部分脐带。如果留下很长一部分脐带的话就会形成凸出的肚脐。

NO.164
为什么酒精会使人感觉醉了？

酒精，使用过量就是毒药，它影响着脑细胞中神经元的功能，并影响着大脑对 3 种特殊的化学物质的使用方式。这三种化合物是 γ - 氨基丁酸、复合胺和多巴胺。它们都是神经传递素，这意味着它们在不同的神经细胞间传递信号，刺激或阻滞这些靶细胞。

酒精易于提高复合胺的水平。这会引起一种快乐的感觉，这也是为什么喝酒的人一喝酒就会立刻快乐的一个原因。另一方面，γ - 氨基丁酸通常会抑制和减慢大脑的运转速度，导致醉酒的感觉。多巴胺是另一种调节快乐感的化合物，但是也负责协调运动，这可能是为什么当酒精起作用的时候人会摇摇晃晃的原因，同时也是为什么喝了酒的人不能开车的原因。

过量的酒精会伤及很多器官，包括肝脏，而且身体本来就能察觉到它的毒性。少量还能忍受，但是酒精摄入过量的话就会出现呕吐反应。

当然，这并不能排泄掉身体里过量的酒精——从这点看来，很可能大多数酒精已经被身体吸收了。所以接下来唯一可选择就是用常规方法来恢复。

为什么人因宿醉感到难受时，总想吃含淀粉和高脂肪的食物？

这是因为酒精对我们的身体做了些小动作，制造出了一种饥饿的感觉。首先，它模仿胰岛素的作用，降低了血糖浓度。这是让机体感觉到饥饿的经典方法。

同时，酒精也刺激了唾液和胃消化液的流动——这就是所谓的"开胃酒效应"，一些科学家认为这样可能会增加饥饿感。

酒精也是一种利尿剂，能刺激液体从身体中移走，从而使人缺水或脱水。如果人饮酒太多而宿醉，可能会经受一种严重的脱水状态，所以下丘脑便会产生出一种口渴的感觉。口渴和饥饿的感觉常常会交织在一起，因为它们都是由于下丘脑侧面受到刺激产生的，而下丘脑侧面是大脑中用来控制温度、口渴、饥饿、水平衡、情绪活动和睡眠的那一部分。

为了摆脱醉酒时对食物的渴望，没有比吃高脂肪食物来快速填饱肚子更好的方法了。脂肪会很快在嘴里分散并释放出香味，不过它们也有自己的方法能使香味持续得更久，所以在食物已经离开你嘴边后，你还可以享受这种味道并获得满足感。另外，高脂肪和高能量的食物被认为会刺激内啡肽的分泌，它是体内天然的止痛药，它们的释放会让机体有一种舒适的感觉。也许对头痛也有好处！

NO.166

为什么香槟里的泡沫会使人醉得更快?

我们知道,酒精分子很小,因此能很快能被血液吸收。气泡是由二氧化碳产生的,它通过搅动嘴巴、胃和肠道里的酒精从而使吸收更快。在一次关于无沫香槟和泡沫香槟的实验中,喝无沫香槟的人最后只有差不多一半的酒精在他们的血流中。

你可以在喝香槟的时候用一个宽口的浅杯子来减少泡沫。又高又窄的杯子会抑制二氧化碳的逃逸从而保留了酒力。

NO.167

吃多少东西就长多少体重吗?

根据热力学及物质和能量的守恒定律,你所增加的重量不会高于你所吃的食物的重量。另外,你还要用食物中包含的一些能量来消化和处理身体里的其他食物。

很难计算你吃完1000克的食物后体重会增加多少。首先这取决于你的新陈代谢、在新陈代谢过程中的个体差异和机体对食物的利用率。新陈代谢的目的是为了保证被分解的和用于能量与蛋白质合成的食物,以及被机体所储存起来的食物之间的平衡。两者之间的平衡受到体重、为运动或保暖所消耗的能量,还有年龄等因素的影响——年纪大的人新陈代谢比较慢。

所以，有些人吃 1 000 克巧克力可能完全不增加体重，而有些人则会增加一些。我们不能判定一个人能从吃巧克力中得到多少体重，因为每个人每天消耗的能量不一样，但是我们知道 1 000 克巧克力含有多少能量。下面讲的就是它是如何被算出来的。

大多数食物都有 4 种主要成分，它们是碳水化合物、蛋白质、脂肪和水。食物中同样包含有维生素和矿物质，但含量很少。不同食物所含的能量将取决于食物中碳水化合物、蛋白质、脂肪和水的相对含量。

在食品包装袋的背后你会看见这个食物所含的能量，它以焦或千焦来表示。两者都是热量单位，可以互相换算，1 千焦等于 1 000 焦。4 千焦的能量能使 1 毫升 15℃的水上升 1℃。

平均一根 100 克的牛奶巧克力棒大约含有 7 克蛋白质、54 克碳水化合物、34 克脂肪和 5 克水，这将提供给你 2300 千焦的能量。平均 100 克苹果含有 0.2 克蛋白质、15.4 克碳水化合物、0.35 克脂肪和 84 克水，将给你 250 千焦的能量。

一般来说，一个成年男子每天需要 10 500 千焦的能量，如果吃了 1 000 克巧克力，那么机体将会额外消耗 13 千焦的能量，这些能量本来是被机体作为脂肪或碳水化合物储存的。

NO.168
一个人醒着能支撑多久？

一直保持清醒的官方纪录是 264 个小时（11 天），它是由 17 岁的学生兰迪·加德纳在 1964 年创下的。他自始至终都被睡眠专家监控着，显然不可能有作弊的机会。在目前所知的其他研究中，在实验室监控设备的密切监视下，保持清醒的时间是 8 至 10 天。

虽然参与实验的这些人没有严重的疾病、精神和生理上的问题，但是随着睡意的不断增加，他们都表现出注意力下降、动作迟缓和知觉减退等症状。中途意识变化（短暂的昏睡）变得更加频繁，导致认识及运动功能的下降。这意味着虽然我们可以连续几天都保持清醒，但是最终都将以认知功能出现障碍这种状况结束。

NO.169

长时间保持清醒危险吗？

这样做非常危险。有这么一个实验，把老鼠放在一个圆转盘上并开始旋转，只要它的脑电波显示出它开始要打盹时，就强迫这个老鼠保持清醒。这样做大约一星期之后，老鼠开始表现出一些疲劳过度的迹象：尾巴和爪子开始出现损伤，它变得急躁而且体温下降，因为它开始尝试着使自己的体温比原来更暖和。它吃的食物是原来的两倍，但是体重却下降了 10%　～15%。在大约 17 天的无眠生活后，老鼠死了。这表明了睡眠对于生命，几乎和食物一样是至关重要的。

NO.170

为什么人的嘴唇颜色有深有浅呢？

嘴唇的表皮比脸上的皮肤更透明，因为它的角蛋白（一种质地坚硬的蛋白质）含量较少，而角蛋白是皮肤、指甲和头发中的主要组成部分。这使得嘴唇下的毛细血管变得更明显，这就是嘴唇是红色或粉色的原因。嘴唇颜色的亮度取决于个人的皮肤厚度及在嘴唇下流动的血管的数量。血管越多、皮肤越薄，嘴唇就越红。

嘴唇的颜色同样受黑色素的影响，黑色素是赋予皮肤颜色的色素。虽然我们嘴唇中的黑色素数量要比其他部位的皮肤少得多，但黑色素越多，就越容易使嘴唇呈现出紫色到棕色的颜色。我们皮肤中黑色素的数量是有遗传性的，因此基因在决定嘴唇的颜色中起了一定的作用。然而你必须记住，还有很多因素影响着皮肤的颜色和厚度，所以你不要期望仅仅通过看一个孩子父母的嘴唇就能知道这个孩子的嘴唇颜色。

NO.171

我们为什么会眨眼？

我们必须通过眨眼来清洁并使双眼潮湿：每次眼睑合起来的时候，泪腺中的咸的分泌物就会浸润眼睛表面，冲去细小的尘粒并润滑暴露在外的那部分眼球。一般我们每 4～6 秒钟眨一次眼，但是在刺激的环境中，例如在充满烟的房间我们眨眼会更加频繁，以此来使眼睛保持清洁和潮湿。

然而，如果眨眼只是为了保持眼角膜的潮湿和清洁，我们需要更频繁地眨眼。婴儿大约每分钟只眨 1 次眼，但是成人平均每分钟要眨 10～15 次。目前，科学家认为眨眼都是为了收集信息，因为实验表明当信息来得又多又快时我们眨眼的次数就会减少，而当我们接受的信息比较少时眨眼的次数就会增加。

眨眼就好比大脑中的标点符号，通知活跃的大脑暂停活动。如果我们正在读一个有趣的材料，我们平均每分钟眨眼 3～8 次；相反当我们在从事不需要集中注意力的活动时，每分钟眨 15 次眼。同样当课本从一页翻到另一页，或从课本的一行末换到另一行开头时，我们最喜欢眨眼。

任何一次眨眼并不总和下一次一样。科学家指出眨眼的频率和持续时间随环境而变化。英国空军飞行员驾驶飞机飞过友好国家领空时比飞过敌对国家领空时眨眼的频率更快而且闭眼的时间更长。飞行员在被敌军雷达发现时、寻找并躲避敌军导弹时，或飞机降落时眨眼次数最少。

NO.172

人一生仅由眨眼睛
引起的闭眼时间有多长?

一次眨眼大概持续 0.3~0.4 秒。我们每分钟大约眨 5 次眼,一天中大约有 18 小时每分钟都在眨眼。加起来就是每天半小时由于眨眼而闭上眼睛,因此一个人平均一生有 5 年的闭眼时间是由眨眼引起的。

NO.173

为什么婴儿可以同时
呼吸和吞咽东西而成人却不可以?

我们的喉咙里有两个独立的管状器官:食物从食管进入胃,空气通过气管到达肺。在顶端接近嘴的地方,两个管子是连在一起的。问题是如果食物从气管入口进入并阻塞了气管,我们就有可能窒息而死。这就是为什么我们会形成不允许同时呼吸和吞咽东西的反射行为。

6 个月以下的婴儿没有这种反射行为,因此有同时咽东西和呼吸的能力。那么为什么这对婴儿没有危险呢?答案是婴儿的气管要比成人气管高得多,这就意味着当他们吮吸的时候,牛奶能从气管的任何方向到达食管而不会进入肺。当婴儿慢慢长大后,气管形状就会改变,反射行为也就形成了。没有人知道这是怎么发生的,但是看起来呼吸和吞咽东西不能同时进行是正常的,尽管在婴儿尚未断奶时期不是如此。

NO.174

人体含有那么多的水分，
那为什么我们看起来大部分是固态的呢？

成人的身体大约含有 55% ～60% 的水分，但是身体里有些部位的水分要比其他地方多。大脑和皮肤的 70% 是水，血液中的 82% 是水，肺中的 90% 也是水。

人体看起来大部分是固体形态，这是因为水包含在细胞或器官中，如果没有它，我们生存所必需的化学反应就不能发生。流动性同样使细胞成形，如果所有水被冻干并被转移走，我们就会变得相当萎缩。

我们的血液中同样有很多水，与大量的血细胞混合在一起，例如血红蛋白、白细胞、血小板等。水使血液具有流动性并使血液能通过血管遍及身体的所有部位，完成必不可少的生物功能。

NO.175

倒立着喝水，水会到胃里去吗？

你吃下或喝下的任何东西都将在你的胃里消化，不管你在什么位置。食物不是通过重力到胃里的，而是通过大脑控制的一系列反射。

嘴并不只通向胃，也通向鼻子和肺，因此重要的是一旦我们咽下食物或饮料时它们不会在错误的地方消化。吞咽引起的反应发生在只通向食管的

通道上，食管是连接嘴巴和胃的管子。食管的肌肉通过收缩来确定食物和饮料处在通向胃里的正确位置，即使在你倒立时也是一样的。有时候，当我们在吃饭的同时说话这个反应就会失败，少量的食物或饮料就可能进入错误的地方而导致窒息。

吞咽反应也是为什么宇航员能在缺少地心引力的情况下吃东西的原因。即使他们在太空船里漂浮，他们的食物也会在胃里消化。

NO.176
新生男孩比新生女孩更脆弱吗？

你可能认为他们之间没有多大区别，但是新生男孩确实比新生女孩脆弱得多。

只有通过理论才可以说明为什么会这样。一些人争论说有可能是子宫的激素环境对男性发育有着消极的影响。这是因为男性为了克服母亲产生的雌激素的影响，必须开始尽快制造睾丸激素，需要睾丸的快速发育。为了达到这个目的，男性胎儿的代谢速度会比女性的更快，从而使得他们更易受攻击。

同样当胎儿在子宫中发育时，聚氯联苯和清洁剂等环境污染物也有可能模仿女性雌激素，破坏男性生殖系统。自然界也许也认同这个观点，因此便让怀男孩的概率高于怀女孩的概率以此来弥补男孩的脆弱。平均起来，怀男孩与怀女孩的比率是 125 ∶ 100，即使很多男胎儿流产了，出生男孩的比率也要高于女孩，达到 105 ∶ 100。

另外，似乎在每年怀孕和出生条件最佳的时候，妇女就更有可能会怀上男孩，这可能也是确保克服男性胎儿更脆弱的另一种途径。

NO.177

耳屎的作用是什么？

看看别人的耳朵你会看见外耳道像弯曲的管子一样从耳膜通向大脑外部。外耳道中包含一些毛发和制造耳屎的腺体。毛发和耳屎一起帮助你抵挡进入耳朵的尘埃和污垢。

通常腺体制造出来的耳屎刚好够用，所以你的耳朵不需要清理。事实上清理会促使腺体分泌更多的耳屎。只有当耳朵有些不正常——例如受感染了——产生了过多的耳屎，才有必要请医生来清洁耳朵。注意：千万不要清除耳道里面的耳屎，只需用棉棒清洁耳朵外面的部分就可以了。

耳屎本身是脱落的额角化细胞的混合物，另外也被认为是干燥的皮肤和毛发与外耳孔的耵聍腺和皮脂腺所分泌的分泌物组成的混合物。耳屎的主要组成成分是饱和的和不饱和的长链脂肪酸、酒精、鲨烯（鱼肝油中发现的一种化学物质）和胆固醇。

为什么耳屎味道那么难闻呢？耳屎中所含的长链脂肪酸的成分是黄油和人造黄油，当这些脂肪酸暴露在空气中接触到氧气后，就被氧化了，使黄油和人造黄油变得有腐臭味。因此耳屎也同样有腐臭味！

NO.178

为什么手指上没有斑点？

斑点是当我们的皮肤暴露在阳光下时，富含黑色素的表皮细胞聚集形成的。我们走路的时候习惯于把手握起来，挡住了太阳光，从而减少了斑点形成的机会。

NO.179
一具用防腐剂保存的尸体能放多久？

干瘪的或用防腐剂保存的尸体在腐烂前能保持 10 年甚至几个世纪。埃及木乃伊就是将尸体干燥后存放在一个不适合微生物生存和繁殖的环境中形成的。在尼罗河岸发现的一种叫作泡碱的盐混合物，也常常用于干燥尸体，使尸体变成碱性，从而防止细菌生长。同时，干燥的北非气候是埃及人成功保存他们尸体的主要因素之一。

甲醛、苯酚、甲醇、乙醇和其他溶剂通常被用于现代防腐。把防腐剂注射进循环系统并把尸体中的血液抽出。防腐剂中通常含有消毒剂——苯酚——能杀死尸体里的细菌，另外还有固定剂——甲醛——用来"固定"细胞。当加入甲醛后所有的生物活动都停止了，因为它结合了蛋白质和其他分子，从而把组织冻在固定位置上。这种防腐的方法阻止尸体在数十年内腐烂。

NO.180
我们活着的时候是什么阻止我们腐烂的？

在人体的免疫系统里有白细胞、抗体和抗氧化剂，当我们活着时它们存在并活跃在体内。它们不仅仅在血液中工作，还在体内某些部位的其他细胞中工作。它们的任务是发现任何外来物质并消灭它。

一旦我们死后，我们机体的所有细胞，包括免疫系统里的细胞所需要的氧气就停止供应了。这就意味着体内的细菌可以自由地繁殖了。很快，整个身体就变成了"免费的午餐"，并且由于死去的细胞无法保持原有形状，从而使内容物流了出来，这样又为微生物繁殖提供了"营养液"。到这个时候，尸体分解就很容易进行了。

而我们活着的时候，皮肤也能防止腐烂，它担当着抵挡细菌的屏障。但是一旦我们死后，皮肤结构也随之丧失，防御功能也就没有了。

实际上腐烂的过程非常快。天气热的时候，在湿润的环境下，腐烂在一天内就可以完成。天冷时，在无菌环境下（例如太平间），这个过程就变慢了，需要持续几个月。

NO.181

有可能长生不老吗？

我们首先设想一个理想世界，然后再考虑现实世界。根据爱因斯坦的相对论你不可能以光的速度前进，但是假如你很接近那个速度，与地球上不能以光的速度前进的人相比，你的时间看起来就慢得多。理论上，你可以以这种速度前进来减慢你的时间，直到地球上所有的人都死了。然而，对你而言，你仍会觉得你的生活节奏与你以前的生活节奏没什么不同，所以长生不老对个人没有什么感觉。

从生物学观点来看，人类不能永生有很多原因。其中一个是我们体内的细胞不能再生（例如，神经细胞、脑细胞和骨细胞）。所以当这些细胞死亡后，它们无法被替换。另外，当细胞进行再生分裂并自我复制的时候，复制时出现的失误会导致突变的增加。每一代人都有可能发生突变。所以你活得越久细胞复制得就越多，复制得越多就意味着突变越多，直到最后没有足够的可以"正常运转"的细胞留下来维持你的生命，你的生命也就结束了。

第 7 章

房间里的秘密

NO.182

为什么新采摘的菠萝做不成果冻？

很简单，是酶破坏了你整个工作。菠萝中含有一种酶，叫作木瓜蛋白酶，它可以将蛋白质破坏成小碎片。而促使果冻成型的凝胶是木瓜蛋白酶最乐意分解的蛋白质。结果就导致果冻怎么也做不出来。可是为什么罐装菠萝就可以做呢？这是因为罐头的生产工序包括加热菠萝，破坏了其中的木瓜蛋白酶。这样凝胶蛋白就不会被破坏，最终果冻会成功做成。

不要以为木瓜蛋白酶完全是一个麻烦。它破坏蛋白质的能力也让它用于嫩肉，因为肉的韧性是由连接着的胶原蛋白造成的，而胶原蛋白也是一种蛋白质。另外，在新酿制的啤酒中的悬浮蛋白也可以用木瓜蛋白酶来清除。

所以不要用新鲜的猕猴桃、无花果或芒果来做果冻。那是不会做成功的，因为它们也含有木瓜蛋白酶。

NO.183

为什么香蕉很容易变黑？

这又是蛋白酶在捣鬼——它们似乎真的非常不讨人喜欢。首先香蕉是一种除了炽热的太阳光就不认识其他任何东西的热带水果，直到它们出现在你的冰箱里。它们完全不能适应寒冷，不像苹果或梨子那样可以非常开心地在冰箱里待上几个星期。对于香蕉而言，细胞

膜会分解并泄漏，而接下来发生的就是酶开始寻找某些东西来进行破坏。一种已知的多酚氧化酶会和通常处在细胞的一个单独空间内的单宁酸起反应，而这两者之间的反应会造成褐色化合物的形成——或者说是黑色外表的香蕉。

储存香蕉的最佳温度是 13.3℃。低于 10℃ 香蕉就会开始变黑，所以在寒冷的晚上最好把它们包起来。当然绝对不能把香蕉放入冰箱，那会让它黑得更快。

NO.184

为什么清澈的水，
结成的冰总是混浊的？

有 3 个很好的解释，所有恰当的例子都是在当你开始用一个障碍物挡住光束去路的时候产生的。

第一，冰块不是一个大的晶体，而是由很多的小晶体组成，而这为光线碰撞到晶体边缘发生衍射提供了大量的机会。衍射和折射之间有什么不同呢？衍射是你看到光波在障碍物边缘发生弯曲的情况，而折射是光从一种介质射向另一种介质时发生的弯曲。

第二，空气中像二氧化碳、氧气和氮气这些气体在寒冷的天气里会更易溶解在冷水里，而在水冷到结冰的时候这些气体产生的气泡会被留在冰块里。它们可能是非常小的气泡，但对于折射光线来说它们仍然相当大。

第三，即使在冰块内部，一小部分的液态水仍能保持溶解状态——这是另一种折光的机会。

将这 3 种情况放到一起你会发现光没有办法完全穿过冰块从另一边射出来。

NO.185

把冷热不一样的两杯咖啡
同时放到冰箱里，哪一个先结冰？

结果出乎意料，似乎有违常理，但确实是更热一些的咖啡会先结冰。因为热水分子有充分的能量来以蒸发的方式离开水体并从水中带走热能，冷水分子则没有充足的能量因此不能快速地离开水体。所以虽然热水更热一些，但它失去热量更快，因为它的水分子中有更多的能量，由于热水分子比冷水分子失去能量更快，从而能比冷水先达到冰点。这一点早就被人们发现了。亚里士多德在他的《气象学》一书中说道："很多人在想让水冷得快一些的时候会把它放到太阳下。居民在冰上扎营捕鱼时（他们在冰上打洞捕鱼）会在他们的竖杆四周倒热水，这样结冰更快，而他们就是用冰来固定杆子的。"

NO.186

一滴在咖啡中心的牛奶
为什么不会随杯子的转动而转动？

你有没有体验过惯性作用的影响？这是一种无论人们怎样试图将你推来推去，或者无论地球给你施加了怎样的压力，你都完全不会移动的感觉。嗯，咖啡也有惯性，那是一种原地不动的趋势。当你旋转那杯咖啡时，杯子会屈从于你直接施加给它的压力，但那保持在原来所在位置的咖啡却不会。导致它有一小点移动的是在咖啡和杯子之间的摩擦力。但因为牛奶和杯子之间没有摩擦力，所以那滴牛奶就会待在原地不动。

NO.187

为什么当水开之前会变安静？

当水被加热时，溶解在水里的气体开始从水里冒出来，在我们听来就是水发出的嘶嘶的声音。当水接近沸点时，所有被溶解的气体已经被释放完了，因此不会再有多少气泡——这个时候就是水壶变安静的时候。享受一下这样的宁静吧，因为水开后，水里的对流运动会变得非常激烈，因而水又会变得非常吵闹了。

NO.188

为什么用调羹搅动刚用微波加热过的咖啡，咖啡会马上沸腾？

首先你必须知道这样做很危险。在这么做的时候你要非常的小心，因为有人曾被严重烫伤过。你必须学习一点微波加热食物的原理，然后你就会发现这其中的危险了。不同于汤锅里那样常规的加热方式，微波不会非常深的穿透任何被其加热的物体之内。用微波加热咖啡其结果就是部分咖啡能加热超过沸点，而下层的可能还是冷的。当你将调羹放进杯子里并搅动一下后会发生的是冷的部分由于接触到过热部分而突然被带到沸点，或甚至更高的温度。蒸汽产生之后不是在常规沸腾中那样缓慢地释放出来，而是一下子从咖啡里喷出，如果你用的是这种方式，滚烫的咖啡将会喷出来，这会伤害到你。

NO.189
有可能模拟微波工作原理让水沸腾吗？

大家都知道，微波煮沸水是通过给水分子施加能量。如果我们以另一种方式施加这样能量，比如撞击水杯，会使水沸腾吗？事实上微波辐射是利用一个恰当的频率来造成水分子最大限度的振动，从而造成水被加热。咖啡壶是从加热体中释放出的能量的导体，它赋予表层的水分子以充足的能量来由液体变成气体并以蒸汽的形式释放。将杯子摔到桌上确实传递了能量，但主要是作用于杯子，理论上杯子将会变暖，而咖啡也确实会变暖，但它是非常细微的，因为这种传递效率太低了。因此，如果你想通过重击杯子来得到一杯热咖啡，那就等上个一两千年吧。

NO.190
为什么煮沸的牛奶会不断冒泡并漫出锅？

首先，你需要知道牛奶含有丰富的营养：它含有人体生长所需要的维生素和必需的脂肪，最重要的是当它煮沸时，会得到由长链分子组成的蛋白质，包含着氨基酸——人体细胞中的基本组成成分。当牛奶被加热时，这些蛋白质会伸展开并把自己包裹在气泡周围，试图从牛奶中冲出来。它使得气泡逃逸得没有在水里时那么快，所以你得到的就是一大堆气泡，因为无法蒸发所以只好不断冒泡最终漫到锅外，最后你只能清理了。因此，如果牛奶不是那么的有营养，它就不会是这么麻烦了。

但这也有表面张力的因素。水的表面张力是非常大的：把水面想象成一张紧绷伸长的橡皮表面，在一个气泡穿过它之后它总是希望回到最初的形状——在气泡出去之后它就会突然回归原来的平静。然而，牛奶的表面张力较低，所以气泡比在牛奶里存留的时间会更久一些。加上蛋白质的黏滞作用你就会明白为什么牛奶中的气泡没有挣扎就绝不停止。

顺便说一下，如果你想要证明这一切都是表面张力所为，加一些洗涤剂在一锅水里并把它煮沸，它将会和牛奶有一样的表现。

NO.191

为什么把牛奶浇在米花上会发出"噼啪"、"砰砰"的声音？

这跟空气受阻有关。为了证明这一点，拿一个简单的由大米膨胀而成的米花，小心地把它掰成两半。你发现了什么？好大的气泡！当你浇上牛奶，它渗入米花中，替代了空气并发出声音。你是否能得到"噼啪"声或"砰砰"声。声音的大小要依赖于空气逃脱的速度或是相应的牛奶进入的速度。我的经验是米花越新鲜，这种爆裂声就越大。当然，一旦所有的空气都被牛奶所替换，米花的表演就结束了。

NO.192

为什么巧克力夹心饼干中的巧克力在饼干被烘烤时不会融化？

饼干上的巧克力和你在巧克力吧中所得到巧克力不是一种东西。虽然仍叫巧克力，但它已经发生了改变，或者说是被调整过了。人们把巧克力反复地加热、冷却，直到它最后呈现一种更稳定的晶状结构。这也使它有了一种光滑发亮并易碎的表面，而不会像普通巧克力一样容易融化。另外还有一点，饼干的生面团将巧克力控制在一个小范围内，因此即使巧克力融化了，也不会到处乱跑。

NO.193

切洋葱时为什么会掉眼泪?

又是蛋白酶的原因！当你切开洋葱时它释放出了一种叫作蒜苷酶的蛋白酶。洋葱的气味是由亚砜的存在而产生的，当亚砜接触到刚释放的酶后就会转变为不稳定的次磺酸，并很快变成合丙烷硫醛和硫氧化物——一种挥发性气体。这种挥发性气体接触到你眼睛表面的水后会发生另一次转变，这次转变为一种弱硫酸。眼角膜的神经末梢一点都不喜欢这种东西，因此眼保护功能为了把它排除就使得泪腺流出眼泪。但这样的结果并不是一件好事，因为流泪后提供了更多的水分来接触到更多的挥发性气体，在你最不需要它的时候，产出了更多的弱硫酸。

据说在流动的水下切洋葱可以避免流泪。还有人说，另一个技巧是在切洋葱时在牙间咬着一片面包，你就不会哭了。

NO.194

白砂糖为什么可以保持方糖的形状?

千万不要以为用了胶水，事实上水就可以胜任这个工作。当方糖在工厂里成型时，很小的单个糖结晶在一个可控的湿度水平之下，被压制到一起。这种可控湿度意味着晶体表面会略微的溶解于一小部分水，形成糖浆状的溶液。很明显，如果有太多的水出现，晶体会完全溶解。但如果用量适当的话，当晶体受压时这种糖浆状溶液会流动到晶体之间将它们全部粘到一起。这有一点像一堵砖墙，糖晶体就像"砖块"一样被糖浆扮演的水泥砌到一块儿。即使在糖浆干后，还会使结晶互相结合在一起。

NO.195

把糖撒在一碗草莓上，为什么过一会儿在碗底会有草莓汁？

你需要理解渗透作用，它的定义是溶剂沿着一个由低到高的浓度梯度穿过半透膜的运动。在你那碗糖钱草莓里，正好创造了这个结构。半透膜是草莓的细胞膜，两个糖溶液中草莓内部的糖浓度较低，而我们刚放了糖的外部糖浓度较高。通过渗透作用，草莓内的水分就会渗透进入到碗里更浓的溶液中，直至两个溶液之间的糖浓度达到平衡为止。这样你就得到了草莓汁。

NO.196

吃油鱼的人会有更发达的大脑吗？

当然。大脑中含有丰富的二十二碳六烯酸（DHA），一种人体可以制造的脂肪酸，但通过人体制造的效率不是很高。DHA的最佳来源是饮食。它主要存在于肉类和蛋类中，而在鱼类中的含量更高。油鱼（如马鲛鱼、沙丁鱼、鲱鱼、和金枪鱼）都含有非常丰富的DHA，而白鱼（如鳕鱼、鲽鱼和鮟鱇鱼）仅在它们的肝脏里才有高含量的DHA。

据报道DHA可以改善视力、促进血液循环和保护皮肤，并能减轻风湿症的痛苦。也有证据表明DHA 可以增强学习能力和视觉能力。以富含DHA 的食物喂养的老鼠学会逃出迷宫要比那些缺少DHA 的老鼠快；在灵长类动物身上做的实验也显示了同样的结果。总而言之——吃油鱼吧。

NO.197
为什么不停搅拌蛋糊粉它就会变黏稠？

　　蛋糊粉很神奇，不是吗？如果你不停搅拌由蛋糊粉做成的奶油蛋羹，它看上去会很黏稠；但你一旦停止搅动，它又马上变得稀薄。如果你想要更深一步地去测试它，拿出一些放在你的手上并用力把它挤紧。你将会发现你能把它挤得足够硬到成为一个球。不过你可别试着去扔它，因为当你释放了这个挤压力后，它马上又会变得稀松了。你制作出的这种东西被称为膨胀性流体，它是固体微粒悬浮在填满了它们之间缝隙的水里得到的一种流体。如果你慢慢搅动它，奶油蛋羹可以流动，因为悬浮粒子可以轻易地到处移动，可一旦你开始施加压力于它，水被从悬浮微粒之间的空间挤出来，悬浮微粒开始彼此接近，因而产生的摩擦力会给你一种更稠液体的感觉——但仅是在你制造这个压力的时候。

　　流沙也是膨胀性流体，那就是为什么人越努力挣扎着逃出，它就会变得越坚固。专家认为如果人能保持不动，一段时间后就会漂浮到顶部——不过如果你对膨胀性流体感兴趣，比起流沙来最好还是去用蛋糊粉来做实验。

NO.198

为什么用锤子打不穿柔软的橡皮泥？

我们又在讨论"蛋糕粉"了，或者说我们至少仍在膨胀物的范围里讨论。橡皮泥有一个有趣的历史。它的全名是"道康宁 3179 膨胀复合体"，最早是由詹姆斯·赖特于 1943 年发现的。赖特当时正在尝试研究一种制造人造橡胶的方式。他试着将硼酸和硅树脂油混合在一起，然后他得到了一种拉伸和弹跳力度比天然橡胶还强的东西。问题是没有人能为它找到一种用途。但在几年后一位广告经理听说了这个东西之后，他发现了它作为玩具的潜力，不久橡皮泥就成了一个轰动事物。它甚至被用于执行航天任务的"阿波罗 8 号"的太空舱中，用来阻止工具在太空船里飞来飞去。

现在来回答你的问题：橡皮泥的成分之一是二甲基硅油的聚合体，而这个聚合体是由长链分子组成——想想意大利面条。加入硼酸致使分子彼此附着在不同的点上，把一个液状聚合体转变为固体复合物。但二甲基硅油在橡皮泥中链接得不那么紧所以橡皮泥不易碎，也不会被锤子击坏，但轻微的压力却会刺穿它。

NO.199

强力胶为什么不会粘到自己的管内壁上呢？

大部分胶水是利用蒸发含有"黏性"物质的溶剂来工作的。然而，强力胶是一种需要氢氧离子刺激的氰基丙烯酸盐黏合树脂，而氢氧离子通常的来源是水。因为在一管强力胶中没有水的存在，它就不会起作用。这就是为什么那些管子要那么紧密的密封——它是为了防止湿气进入。

NO.200

为什么一管强力胶从来都不是很满的?

在水激活强力胶树脂的时候,里会将这个工作做得相当好。强力胶为了完成它们黏合的工作,总是会寻找温暖和潮湿的环境。那就是为什么它们会那么的喜欢你的皮肤。要小心哦。

NO.201

是胶水让保鲜膜能自己粘住吗?

根本没有什么胶水。保鲜膜能自粘完全是因为在你将它从一卷保鲜膜中拉出时让它产生了静电。这种极易带电的塑料膜会吸引不带电的物体和绝缘体,这就是为什么用保鲜膜蒙住塑料盒似乎也能做得很好。如果你在一只金属锅上用它,它干得就没那么好了,因为静电遇金属这种导体就消失了。你可能注意到如果你从保鲜膜卷上取下一段保鲜膜,把它放置一会儿然后再使用它,就很难粘住,因为它完全失去了电荷。

NO.202

墨水中含有让墨水粘到纸上的胶水吗?

在某种程度上是的。墨水和油漆中含有色素,它们是不溶于水或油类的化合物。其中最常见的一种天然色素就是二氧化钛,它是一种白色物质,用途很广泛,包括乳化漆和糖果。

墨水是由研磨得极精细的色素、悬浮剂和能将色素固定在纸上的某种橡胶或黏合剂组成的简单混合物。当你在纸上写字时，色素和悬浮剂就会被拉入纤维里，只要纸的吸收性不要像吸墨纸的那样强，墨水就会很好的待在你放置它的地方。然后悬浮剂便会蒸发掉，只剩下色素被留在了纸上。

NO.203
橡皮擦为什么能擦去铅笔字迹?

纸是由纤维制成的，有突起和皱纹。当你在纸上写字时，一些铅笔尖上的石墨会在铅笔上的石墨分子与纸分子上的突起和皱纹接触的时候磨下来。当橡皮在纸上摩擦时，所有的石墨分子与橡皮得到接触后结合的比与纸结合的要更好，因此石墨就被从纸上拉走了。橡皮灰就是石墨粘到橡皮上，橡皮磨损后留下来的。湿橡皮是不能使用的，因为水分子进入了橡皮分子中并阻止了石墨与橡皮分子的联结。如果坚持那样做的话，结果就是在涂鸦。

NO.204
水为什么不能燃烧?

最好的答案就是它们已经"燃烧"过了。水是由氢原子和氧原子组成的。我们知道燃烧的过程就是某些东西与氧气结合所发生的。对于水，氢气已经与氧气结合，因此"燃烧"已发生过了。你可以把水当成为火烧过后留下的灰烬，而且是一旦燃烧后就不能再次燃烧的东西。

氢气确实是可燃的，但氧气不是。如果你对着一股氧气流点燃一根火柴，火柴能很快燃烧而氧气自己却不会。

NO.205

为什么不能用水给油锅灭火？

沸腾的油锅温度非常高，如果此时倒入水，由于比重的原因，油会浮在水上，然后水试图把它沉下去，当水遇到热油脂便会温度上升直至沸腾。蒸汽气泡迅速地穿过热油脂上升并带着油滴急剧地进入外界空气中。如果这些油滴遇到火苗，那它们也会燃着。

试着用水来熄灭一个着火的油锅是在厨房里发生的最危险的事情之一。你应该把一件潮湿的衣服覆盖在油锅上使火焰与氧气隔绝开，而后它们很快就会熄灭了。

NO.206

为什么在厨房晾衣服干得更快？

即使衣服的温度没有上升到沸点，水也仍然能从衣服中出来进入到空气中。任何在衣服里的单个的水分子都被其他水分子所吸引，同样也被构成衣服的分子所吸引。水分子会发现自己处在一个"黏滞"的环境中，这就意味着它很难从衣服中逃逸并进入空气中，但它还有足够的能量可以到处的移动，和其他水分子交换位置。

热量可以被当成是一种分子所拥有的能量，而热量越高，它们所拥有的能量数值就越大，并且也越容易克服周围的黏性。例如在一个室温20℃的房间里，一些水分子可以有足够的能量克服来自于其他分子的吸引力，并可能完全从衣服中逃逸到空气中去。当这个过程继续进行时，留在衣服里的水分子将会越来越少，直到最后衣服中没有水分子为止。

如果温度超过20℃，那会使更多的水分子同时拥有足够的能量蒸发，因此衣服就将会干得更快。厨房的温度是房间中最高的，因此，晾衣服会干得快些。一些脱离衣服表面进入空气中的水分子可能会落回到衣服上并被再次粘住，这就是为什么在大风天里把衣服放在外面会有助于加速干燥的过程，因为风吹走了从衣服表面脱离的水分子，从而使它们回到衣服上的可能性减少。

NO.207
为什么用热水洗羊毛衫会缩水？

因为羊毛是由鳞状纤维构成的。如果你在一个高倍显微镜下观察一根羊毛，你会发现它的表面看起来就像螺纹塑料杯的表面。在一般情况下这些粗糙的表面不会互相接近到非常紧密的程度，但如果把它浸在温水里，那么纤维上的鳞片就会互相绞起来。而当羊毛干了之后它们却不会再分开了——那么你的毛衣就收缩了，羊毛也纠缠在一起，因为羊毛的表面互相绞合在一起了。

羊毛是一种奇特的材料。羊毛的表面讨厌水因而会排斥水（厌水的），但羊毛纤维的内部是空的且会吸水（亲水的）。如果你弄湿了羊毛衫，它会先排水直到它达到了一个临界点，然后转而开始吸收水分。如果吸收的水被加热了，纤维就会变得光滑而那就是开始收缩的时候，并且这种收缩不能被逆转。一旦一件羊毛衫缩了水，那就只能是这样了。

NO.208
多少只羊身上的羊毛能织一件毛衣？

如果我们估计平均一件毛衣重 250 克，而平均从一只羊身上得到 5 000 克羊毛（羊身上只有 65% 的毛是可用的，因为剩下的羊毛太脏了），那么你可以从一只羊身上得到 13 件羊毛衫。

NO.209

为什么蒸汽熨斗熨衣服效果会更好？

当你在熨烫一件衬衣时，你会尽量熨平所有的纤维并使它们保持平整。热量可以使它更容易变得平整（尽管过多的热量有可能使它们烧起来）。湿气有助于软化纤维，那就是为什么蒸汽熨斗更有用的原因。所以熨烫刚从洗衣机里拿出来还有一点潮湿的衬衣效果最好。

熨烫衬衣（如果它已经不再潮湿）的最佳方式是先在四处少量喷一点水，并把它揉成一团然后保持一小会儿。这样做是为了软化纤维，使熨斗在衣服上更容易移动。把衬衣内外反过来你可以熨烫到纤维的"反面"。这么做有两个原因，一是在熨斗上的污垢可能会被转移，如果它是在衬衣的里面则不易引起注意；二是熨烫衬衣内部时其实你就是在把纤维"推离身体"，因此使它更便于悬挂。

NO.210

在肥皂水里洗手然后用毛巾擦手，是水还是肥皂弄湿了毛巾呢？

泡沫是水分子和肥皂分子的混合体。水分子有两个氢原子和一个氧原子。在液态水中这些分子之间存在着具有强大作用力的氢键。它们相当强大，能使水分子结合在一起并保持一种液体的形态，只要温度不超过100℃——沸点。

肥皂分子就完全不同了。它们实质上是具有两个端点的长分子。一个端点叫作"极点"，它所带的电荷都在那一端。带电分子非常容易与水分子相结合（并因此而溶解）。分子的其他部分是一条非极性的长"尾巴"。非极性分子不那么容易溶解到水里——一个很好的例子就是油。

因此对于肥皂分子来说，它一端"亲水"而另一端"厌水"。那就意味着如果你把肥皂放在水里，肥皂分子首选的地点就是水面上，而它们的非极性端会伸入到空气里（因为它们不一定需要与水相结合）。

现在我们就得到肥皂泡了。肥皂分子的非极性端"喜欢"空气，因此它们伸出到泡沫的外表面。它们的极性端与水分子相接触，这就是它们所喜欢做的。而在泡沫内部，我们再次得到这些非极性端，这些厌水者朝向泡沫的中心（那里也是空气）。这意味着非极性端在肥皂泡的内部和外部形成了一个"壳"，它们之间极性端黏住了一层水分子。

因此，泡沫是由水和肥皂两者组成的，如果你把它们擦在毛巾上，那么在毛巾上水和肥皂都会有一点，是它们共同把毛巾弄湿了。

NO.211

手仅用水洗干得快，
还是抹了肥皂洗干得快？

如果你没有冲洗掉肥皂就把手放到干手机下，那么可能需要花更长的时间来干燥。这是因为清洁剂会以一种独特的方式来处理你皮肤上的水膜，从而形成一个保护层。这阻止了水的快速蒸发。这就是为什么没有肥皂而仅由水产生的气泡不会维持很长时间的原因之一，那仅仅是因为水分蒸发得太快了。另外，水自身的表面张力要高于肥皂水的表面张力，而这个张力会将水向下拉成一个小水滴，这更容易使水离开你的手。

NO.212

为什么肥皂泡和肥皂的颜色不一样？

你所看到的肥皂泡颜色和肥皂的颜色并没有什么关系。这种效果的产生是由于夹在两层肥皂之间薄薄的水膜对光的反射和衍射作用。因此，你能经常看到肥皂泡表面会旋转着五颜六色的颜色，并且有时也会反射出白色光线。

NO.213

液态的发胶擦到头发上怎么变成了固态？

其实这个变化并没有你所想象的那样巧妙。如果你仔细地读一下发胶成分清单，就会发现到目前为止里面最多的成分是水，当它蒸发后留下的是其他成分。如果你以前从没有真正地了解过你擦在头发上的是什么东西，那么我把它们列出来，让你了解一下。除水以外，发胶的其他成分还有聚乙烯吡咯烷酮，这是一种能使头发固定的树脂；有使水变稠并成为胶状的凝胶质；还有可以使油溶性香精溶解到水中的香味增溶剂（PEG-40氢化蓖麻油）；最后你还需要防腐剂，以及使凝胶保持透明的中和剂。其中树脂是用来固定头发的。所以当液态发胶中的水蒸发后，留在你头发上的就是呈固态的其他成分了。

NO.214

焰火是怎么工作的呢？

这是热氧化物微粒在起作用。焰火被充满了铁屑的硅和氧化剂黏团所覆盖着。当你点燃花炮后产生的高温燃着了铁屑（产生氧化铁），它们就会飞向四面八方，形成焰火。虽然它们非常的热，但也是非常小的，这也就是为什么你碰到它们时只感觉到一点点小刺痛而不会有灼烧感。

NO.215

为什么说焰火是无害的烟花呢？

烟花就像小型的太空火箭且有同样的作用原理：它们燃烧大量的燃

料，通常是被包裹在一个狭窄空间里的火药，它会在底部产生一个有效可控的爆炸。火药是由硝酸钾、木炭和硫黄组成的混合物。

一些烟花是射出来的，就像子弹从枪里射出一样，它们从一个叫作发射炮的管子里射出，而当它们飞得非常高时就会炸出各种颜色。这种能释放出颜色的烟花叫作礼花，它含有星状或小球状的化学物质。一个明亮的白烟花可能含有镁粒子，而一个红色烟花可能含有锶。烟花弹也含有一种"炸药"，它被填装在所有碎金属屑的中间，当炸药爆炸时，这些碎屑被抛射到天空各处，然后发出明亮的颜色。

轮转烟火其实就是不能离开地面的火箭烟花，因为它通常是中间被钉子定住的。想象一架被一根粗大、强韧的绳子系在埃菲尔铁塔顶端固定在地球上的喷气式飞机。如果它试图向一个方向飞行，它将不会飞得很远，因为绳子阻止了它。释放发动机产生的能量的唯一的途径就是绕着绳子的末端转圈圈，轮转烟火也是一样的。

烟花的化学原理远比它看上去的要复杂。烟花所产生的颜色可能是由于随着温度变化的炽热（光由热生，炽热比白热要温度低一些）也可能是由于发光现象造成的结果，这种发光的现象是能量被一个原子里的电子吸收使它兴奋并不稳定而产生的结果。当电子失去了这种过剩的能量，它就放射出一个光子，而光子的能量决定了你看到的光发出的颜色。

红色：锶盐，碳酸锂	**橙色**：钙盐
金色：热的铁或炭	**黄色**：钠
亮白：热的镁或铝	**绿色**：钡
蓝色：铜	**紫色**：锶和铜的混合物
银色：燃烧的铝、钛或镁粉	

NO.216

钻石的色彩从何而来？

钻石是碳结晶，由于种种原因可能会带一点颜色。首先，可能会有一些微量物质存在于它们内部。例如，氮可以赋予钻石黄色而硼则使钻石呈现蓝色。但如果结晶的晶格结构在任何情况下都可以变形，那么在没有任何"杂质"存在的情况下也能产生一种色彩。这种变形情况能制造出褐色、粉色或红色的钻石，所有的这些都是非常罕见的。

NO.217

为什么同为晶体，
钻石那么坚硬而盐却不够硬？

这全都要归结到原子和分子之间的结合键上，结合键有两种类型：共价键和离子键。在钻石中，任何单个的碳原子和其他 4 个共价键结合并共享配对电子。这是一种坚固的结合键，像它们所能达到的那么坚固。而对于盐，它由钠离子和氯离子组成，而钠离子和氯离子各自带有正电荷（钠）和负电荷（氯——叫作氯离子），离子互相吸引并被叫作离子键的静电吸引力结合在一起。离子键即正离子和负离子之间由于静电引力所形成的化学键，而这些键不像共价键那么牢固。这使得钻石在强度的博弈中成了胜利者。

NO.218

有比钻石更硬的东西存在吗？

在科学上钻石仍是最坚硬的物质，但一群美国研究者表示他们已经制造出了一种包含了碳氮结晶的合成材料，科学家认为它大有希望成为更坚硬的物质。

关于超硬材料的研究最早开始于 1980 年末，当时一个美国科学家提出了一个计算物体硬度的公式。这个公式显示 $\beta - C_3N_4$ 应该比其他东西要硬一些。

非结晶碳氮这种蓝灰色物质能被轻易地在实验室制造出来，但科学技术已证明得到超硬晶体是极为困难的。研究者轮流将碳氮和钛氮薄层置于室温下，用一个叫作"磁控溅射"的方法将气体分子向固体目标射击。气体分子会除去目标物表面的原子，与它们发生化学结合，再从那里反射回来并沉淀在附近的表面上。研究小组决定将氮分子发射到一个一半涂碳另一半涂钛的目标物上，因此当目标物旋转时氮原子被交替击在两种物料上，并在一个紧靠目标物的表面上产生了连续的碳氮层和钛氮层。钛氮和非结晶碳氮都是坚硬的物质，而淡桃红色的合成材料的硬度是其中任何一个的两倍。但是，它仍然没有钻石那么硬。

不过，研究仍在继续，因为那些比钻石更硬（也更便宜）的东西将会有一个广阔的利用空间。超硬材料可以用来切割钢铁，这是钻石不能做到的，因为钻石受热后会燃烧起来。同样的我们也不可能在金属上涂上一层钻石层。如果在齿轮和轴承这些机械结构上涂上一层 $\beta - C_3N_4$，它们将会比普通部件的使用寿命更长。另外还可以在液体润滑剂不适用的设备上使用。一层薄薄的 $\beta - C_3N_4$ 也可以用来保护电脑光盘的表面。

NO.219
怎样切割坚硬无比的钻石？

不管你信不信，钻石和木头一样是有纹理的，如果沿着它纹理的线路处理就能干净利索地　剖开它。如果你想要利用纹理来切割钻石你可以使用一种锋利的金属刀刃，用锤子来敲击它，当然一定要十分小心。如果你要横过纹理来切割钻石，可以用含有钻石沙的磷青铜制的圆盘做成的极薄的锯子，使其在 10 000 转／分钟转速下旋转。当锯子切割钻石时，钻石与锯子摩擦脱落下来的灰尘又给锯子覆盖了一层钻石沙，因此又维护了它自身的锐度。即便如此，要切开一块大钻石也需要花去两个星期的时间。

NO.220
为什么切割的钻石会光芒四射？

比起玻璃，钻石有着更高的折射率，因此即使将两者严格以同一方法切割，钻石仍更有光泽，因为在反射光线分裂成为它自身的颜色方面，钻石要比玻璃好得多。

钻石美丽的秘诀就是它反射光线的方式。切割时切割工具必须以这种方式把钻石定型，即允许光线能通过钻石的顶部，这样光线就会在钻石内部四处反射并最后再从顶部穿出。这种方式能使光线达到最大化的反射，从而使钻石看上去闪闪发光。

在 20 世纪初期，钻石切工技术就已经非常精湛了，以至于发展出了一套精确的数学标准。它要求大部分钻石都要被切割出 58 个刻面，每两面之间都要保证精确的角度。

此外，钻石的"切工"和它的外形并不一样。外形是由个人爱好决定的并不影响钻石的价值，但"切工"却会影响。一个好的切工会让穿过钻石的光线产生大量的耀眼的光芒。这只有在一个被切割的比例非常匀称的钻石上才会发生，光线会从一个刻面反射到另一个刻面然后在通过钻石分散到四面八方。如果光在钻石中传播时没有经过反射就穿出了，那光芒就会大打折扣。

NO.221

同样是由碳元素组成，钻石和煤是同一种东西吗？

仅通过"煤是一种富含碳的物质而钻石也是由碳组成的"这一点就下结论说钻石和煤有关系，这真是一个极大的谬论。

钻石是在处于地球外壳之下的岩浆里经受了非常高的压力后形成的，并且经常和南非的火山联系在一起，很久以前地球内部的岩浆从那里的火山中心通道中"脱逃"出来。历经无数个世纪后这种岩浆遭受了极高的压力，越来越多的矿层压在了它的顶部。实际上就是这种压力将岩浆压缩成非常坚固和高价的钻石。

煤是古代植物埋藏在地下经历了复杂的生物化学变化逐渐形成的固体可燃性矿物。在很久以前煤最初是以一种泥炭的形态沉积的，但在地底深处埋藏和地底增高的温度导致了物理和化学的变化而生成了煤。

因此，煤和钻石两者确实都含有碳也都是在一个非常高的压力下形成的，但是它们是完全不同的物体。而且煤实在是太不纯了，即使也有惊人的压力施加于它之上也而无法形成完美的钻石。

NO.222

煤可以燃烧，那钻石可以吗？

如果你可以使钻石达到足够的热度，你就可以使钻石燃烧。煤在达到 400℃时开始燃烧，而钻石在没有达到大约 800℃时是不会被点燃的。

这是由于两种物质中碳原子结合的方式不同。煤是由非常古老的植物残骸形成的，碳原子以一种非常不规则的方式排列，并没有任何规则的形态。你可以把碳原子想象成刚刚从盒子里倒出来的积木：你可以很轻松地把它们分离开，而把它们拼起来也不那么难。

现在把积木拼起来，使得在每一块积木的周围都和其他积木相连。当你再想加上更多的积木时，你就发现你已经得到了一个非常坚固的立体形态。它很牢固，因此需要花费很大的努力才能把它再次拆开。这就是一个"拼装钻石"。在一个真实的钻石里，中间那个积木块就是碳原子，不过构型是不一样的。因为在钻石里碳原子的结合方式相当规则，因此它是非常坚硬的——你不能轻易地将原子推开。

当物质燃烧时，内部原子一定是与其他原子分隔开的，而比起在煤中不规则堆积的原子，对钻石这么做则需要耗费更多更大的能量，这就是为什么要点燃钻石时你必须使钻石变得更热。

NO.223

"浴室歌声"会更好听吗？

在浴室外听到歌声的人们可不会这么认为哦！不像在其他房间，浴室里充满了坚固的、会反射的墙面，想想那些光亮的墙壁、坚硬的洗手盆和浴缸，还有没铺地毯的地板——多么完美的高频反射表面啊。在一个挂着窗帘的普通房间里，高音（大部分歌唱所包括的）都被吸收而低音可以存留。比如，在隔壁的立体声系统中演奏的低音电吉他比起架子鼓中的钹声更容易被隔墙听到。因此，如果你在浴室里唱歌你会得到那些反射回来的高音，而如果你在起居室里歌唱那就不会这样。

你也必须考虑到共鸣的因素。物体有一个它们"更愿意"振动的频率。在一间浴室里这可能意味着那个确定的频率似乎要比在其他的房间里的更高，因为对于墙壁和其他表面来说它们都处于同一个共鸣频率。如果这共鸣频率是欢快的音乐，那么显然你将享受你所听到的声音，并因此开始认为你的歌声真的很好听。

第 8 章

怎么会有
那样的感觉？

为什么品尝咖喱会让人有灼烧感？

咖喱是用胡椒、姜黄、香椒等的粉末制成的调味品。其中胡椒里含有的辣椒碱，是一种能让人觉得火辣辣的化学成分。它是 5 种能对口腔产生不同作用的成分之一。这 5 种成分中，有 3 种能在上颚的后端和咽喉部位产生一种像被快速地咬了一下的感觉，另外 2 种能对舌头和上颚的中部产生长久但低刺激的感觉。你所能感受到的胡椒的辣的程度取决于胡椒中这 5 种成分的不同比例。辣椒素是常见的刺激物，它通过刺痛或使黏膜破损的方式在受伤的皮肤处产生一种灼烧的感觉。身体对辣椒素的反应是疼痛、掉眼泪、鼻子酸，这些都属于一种自我保护。

如果你的嘴被热的咖喱烫了一下，喝水可以让嘴巴降温吗？答案是不能。因为辣椒碱是亲脂性的，因此喝水的方法对于消除火辣辣的感觉没有什么作用。你可以试着喝些牛奶或者酸奶，因为它们都含有脂肪，辣椒碱遇到脂肪能溶解并被分解。

NO.225

冰冻果子露口感为什么有点辣？

如果我告诉你，这完全是在酶的作用下产生的一种疼痛的形式，那你还会一如既往地喜欢它吗？当冰冻果子露在口腔里溶解时，会产生一阵强烈的刺痛、起泡的感觉，整个过程和喝碳酸饮料时气泡刺激你的舌头是一样的。首先，能生成弱碳酸的唾液中含有一种酶，在酶的作用下，口腔内或舌头表面呈弱酸性。然后，冰冻果子露内的柠檬酸和酒石酸，以同样的方式发生作用。喜欢冰冻果子露的人们可以被纳入"极度的受虐狂"，我们把他们叫作嗜酸者。

NO.226

用力咬薄荷糖球为什么会冒出火花？

薄荷糖里含有两种会发光的物质：一种来自于糖分子，另一种是薄荷的冬青油香料，这是一种叫作甲基水杨酸的分子。

当你咬碎薄荷糖球时，你的牙使糖分子破裂，分裂成正负电子。如果两种电子的差异足够大，那么负电子在分子破裂时沿着裂缝撞入附近的氮原子。氮气之所以会在附近，是因为它是空气中的一种成分。电子和氮的碰撞使氮发出微弱的蓝光。如果你想看到这一现象，但又不想用自己的牙齿来冒险，那你必须待在一个漆黑的房间里等 15 分钟，让你的眼睛变得足够灵敏。然后只需将两块薄荷方糖碰撞一下，你就能看到同样的蓝光现象。

NO.227

为什么薄荷会让你觉得嘴里凉凉的？

薄荷的味道是由舌头上的甜、苦、咸、酸4种味蕾和鼻子里的所有嗅觉感官共同获得的。薄荷的味道是由薄荷油香料产生的，它就像是一种催化剂，把"薄荷"信号传送给大脑。

但是薄荷的清凉感和薄荷油香料没有任何关系，和味觉、嗅觉也没有任何关系。清凉的感觉是通过不同的神经传递给大脑的，这些神经常常在降温状态下特别活跃。能激活这些"清凉"神经的化学物质叫薄荷醇，它是薄荷中的一种重要成分。这才是让你的嘴巴觉得凉凉的但却没有实质性降温的原因。这只是一种错觉。

NO.228

为什么蹭到伤口没那么疼？

信号是通过神经细胞或神经元传递给大脑的，但是有些神经元传送信号的速度要比其他的快。疼痛的信号传递的速度要比其他信号慢。当你碰到自己的伤口时——这种方式会让伤口部位发热，发热的信号会通过一组与疼痛信号传递的神经元不同的感觉神经元传递，并且速度更快。因此，蹭到伤口产生的信号（发热的信号）在疼痛信号到达前已经传给了大脑，这样疼痛感就显得没那么强烈了。

NO.229

为什么我们会发痒？

发痒是身体的预警系统在警告你：你的身体接触到了一种有毒物质。

在我们的神经纤维末端有微小的接收器，它们能收集信号并且传送给大脑。有些器官对热、光、压力或疼痛较敏感。正是当这些"疼痛感觉接收器"受到刺激时，我们才有了痒的感觉。

从化学的角度来说，当我们挠痒时，体内的肥大细胞（这是一种参与过敏反应的白色细胞）将释放出一种名为组胺的物质。组胺与瘙痒部位的末梢神经接收器相连，产生了痒的感觉。

各种刺激都能引发瘙痒的感觉。有过敏症的人接触到某种物质时，体内会释放过量的组胺，而其他人对此却毫无反应。

从生理学的角度来解释发痒到底是怎么回事，还是比较难的。它也许是一种特殊的疼痛感，仅仅在准确的刺激下才能被感知。也有人说它和疼痛毫无关系，是一种独特的生理反应的感觉。

NO.230
为什么伤口愈合时会发痒?

当细胞被割伤、被化学药剂腐蚀或被细菌感染时，伤口会发炎，这属于人体自我保护的一种生理反应，通常表现为发红、疼痛、发热和肿大 4 种症状。发炎是机体准备杀死伤口周围的真菌、毒素或异质的一种反应，这样伤口周围就不会感染，同时也为伤口愈合做好准备。

当伤口愈合时，我们会觉得有点痒，这是伤口结痂下面在长出新细胞而造成的。当新的皮肤细胞形成新的皮肤层时，结痂部

位会绷得更紧，这样让人觉得有点痒。神经细胞同样会在结痂下面长出来，当它们能够接受并传送信息时，痒的感觉就产生了。

NO.231

为什么我们要抓痒，
是什么让我们突然觉得痒？

首先，我们得理解"瘙痒的感觉"是由皮肤表层里的末梢神经机械型感受器产生的。

末梢神经中的机械型感受器是一种细胞，或者是细胞的一部分，它含有对扭转和弯曲敏感的组织。它们和负责感受常见的缓慢型疼痛的细胞很相似，因此，瘙痒被认为是疼痛的另一种形式。

当这些末梢神经受到刺激时，会释放出一种神经传递素，神经传递素会引起血管的扩张，从而允许更多的血液流向发痒的部位——这使得你的皮肤开始发红。与此同时，人体过敏性感应系统中的肥大细胞被激活，它们释放出组胺，导致血管进一步扩张，过敏部位开始肿大。于是产生了瘙痒的感觉。

抓痒是一种有效的反射动作，是由瘙痒部位的脊髓反射器产生并指导你的手来完成的。抓痒是通过移开刺激物，或通过抑制脊髓反射器中的瘙痒信号来减轻瘙痒的感觉，如果抓痒太用力就会产生疼痛感。

NO.232

护发素真的能护理头发吗？

头发是没有生命的。护发素唯一的作用是暂时改善你的发质状态，因此，你不能奢望它能给予头发原本没有的生命。

既然如此，护发素到底有什么用呢？你越折腾你的头发，例如吹、烫，甚至梳理，头发就被伤得越厉害。如果你找一根受损的头发并把它放在显微镜下观察，你将看到许多突起的鳞片都粘在一起。这让你的头发毛糙，难于梳理，并且看起来没有光泽。护发素真正的作用在于裹在头发表面，让头发变得光滑。这就是为什么用了护发素之后，头发更容易梳理的原因。

NO.233

我们为什么会打哈欠？

这里有 3 种互相对立的理论。

第一种是生理学的理论。我们通过打哈欠吸入更多的氧气，或者排出体内多余的二氧化碳。同在一个房间里的人都有可能因为缺少新鲜空气而同时打哈欠，所以打哈欠具有传染性。

第二种是厌烦说。如果人们觉得有些东西让人厌烦，他们就会打哈欠。但这种说法不能解释为什么我们无聊时也会打哈欠。除非这只是一种暗示第三方他们很迟钝的社会符号。

最后一种是进化论。这种理论认为，打哈欠是在展示我们的牙齿，表示在不得已的情况下，我们也会具有威胁性。打哈欠曾经是向他人示威的一种方式，但随着人类文明程度的提高，这一动作已经丧失原来的进攻性。

这 3 种理论，哪种更具有说服力呢？一位名为普罗旺的博士围绕打哈欠的课题做了一些试验，并断定第一种理论是不正确的。他把试验对象的嘴巴封住，这样他们就不能张开嘴打哈欠，而只能用鼻子呼吸。他的试验对象说，这种呼吸的方式并不能让他们感到满足，尽管他们仍然可以吸入氧气。普罗旺博士还让试验对象吸入纯氧，却发现这么做并没有改变他们打哈欠的频率。这就证明了打哈欠并不是因为身体需要氧气而发生的。

至于厌烦说，他发现试验者观看 30 分钟的测试版视频和 30 分钟的摇滚影音资料，前者打哈欠的人数明显比后者多得多。但他们打哈欠到底是心理原因（他们觉得很无聊），还是生理原因（厌倦让他们想睡觉）呢？

普罗旺发现打哈欠的行为绝大部分发生在睡前一个小时和醒后一个小时。伸懒腰和打哈欠之间也存在着一种明显的关联。

但是现在又有一种新的理论，认为打哈欠是刺激淋巴在脸部肌肉内流动的一种方式。淋巴是一种流体，它在人体的淋巴系统内流动，对抗感染和病毒。淋巴需要骨骼处于活动状态，才能在体内到处流动，因为它不像血液那样可以循环流动。这就是为什么我们在早上醒来喜欢做的第一件事情就是伸懒腰的原因。打哈欠是帮助淋巴在脸部和颈部流动的一种方式。

为什么打哈欠会"传染"？这还没有一个合理的答案。但打哈欠绝对会"传染"。写这些东西时，我打了哈欠，我打赌你也想打哈欠，但我希望不是因为厌烦。

NO.234

我们为什么用肘部来测试宝宝洗澡水的温度?

人们觉得似乎用手来测试温度会更准确些。但事实上尽管手的末梢神经比肘部更丰富,可是手上的皮肤通常比较厚,它妨碍了皮肤温度感应器对于我们想要测试的热度的感应。而且,我们的手也许已经适应了接触高温物体,不再是好的传感器了。所以,用皮肤相对较薄的人体部位测试温度会更有效。我们用肘部,因为它是就近的部位。

NO.235

为什么我们喜欢吃巧克力?

巧克力含有能让人兴奋的化学成分。没错!巧克力里含有大量的苯乙胺。我们的体内也有,在受到性刺激时会释放出来,让我们情绪激动、心跳加快。巧克力还含有甲基黄嘌呤和可可碱,这些成分的作用和咖啡因相似。如果这些成分的含量不是很多,那么在室温下巧克力是固态的,但如果高于体温它就将融化。

NO.236

我们为什么会笑?

笑是一种多义性的动作,它可以代表开心、紧张、尴尬或失望。笑能让人放松(当我们笑的时候,全身的肌肉都得到放松),笑也能用来排挤他人,例如嘲笑。笑还可以是一种调节工具——老板开个玩笑,所有的人都笑了。

但是我们究竟为什么会笑，这个问题仍然困扰着科学家们。行为心理学家说，笑不是复杂的、可以预料的意识过程，而是一种对于所处环境的基本反应。笑可以增强社会凝聚力，因为它是一种能让我们当时觉得舒服的外在形式。例如，分享一个笑话，本质上就是一种社会凝聚力的表现形式。笑也是一种放松的自然方式，如果笑过了头，我们就会没有力气。笑和典型的"抵抗或逃跑"的本能反应作用相反。

在紧张的环境下，笑是一种不安的反应，例如傻笑往往是一种用来分散潜在的面对面的威胁的方式。笑还和权利、进攻性有关。

让人开怀大笑的原因可能有很多，但至今为止人们还没有找到最佳答案。

<u>NO.237</u>

是什么让我们想睡觉？

睡觉是最常见的一种人类活动。然而睡觉的过程以及是什么引起睡意，至今还没弄清楚。

大脑基层中的松果腺很重要，因为有种叫作褪黑激素的化学物质就在这里产生。这种物质进入血液能控制睡觉和醒来的循环。小鸡被注入褪黑激素后，就会睡着。直到最近加利福尼亚的研究者才发现一种天然的诱发睡眠的化学物质（尽管我们已经生产了几种能够帮助睡眠的药物）。他们发现，失眠的猫的脑脊髓液（这种液体有清洗大脑和脊髓的作用）中有一种物质的数

量在增长。当他们把这种物质注射到老鼠体内时，老鼠睡着了。这种产生睡意的物质是脂肪酸，它和细胞膜中的一种成分相似，但是什么引起脂肪酸的释放还是未知的。将来，这种物质也许会成为一种天然的安眠药，因为现在使用的安眠药，不仅长期服用会上瘾，而且残留物对人体会有副作用，如果人们服用这种和脂肪酸成分接近的安眠药，可能就不会有这些问题了。

NO.238
为什么当我们尴尬的时候会脸红？

脸红是由交感神经系统引起的，这一系统由我们无法控制的神经组成。无论怎么努力，你都无法控制脸红。事实上，你的努力只会让脸红得更厉害。因为是你的情绪引起脸红，当流向脸部的血液增加，你的脸就变红了。而交感神经系统放松时，一切又很快恢复原样，脸部的血液循环也将恢复正常。

NO.239
太阳会让你不由自主地眯起眼睛吗？

你的瞳孔张开或收缩，这是两个不同的神经系统在工作：交感神经系统控制张开或扩张的动作，副交感神经系统控制收缩或缩紧的动作。你的眼睛瞳孔的大小是由这两种动作综合作用的结果来决定的。

因此，如果海滩边的阳光很刺眼，副交感神经系统将尽可能让眼睛眯起来防止眼睛底部的视网膜受到伤害。然而，此时如果你发现心仪的对象，来自异性的吸引伴随着心跳的加速，交感神经系统也努力让美丽的眼睛睁得更大。

最后太阳会获得胜利。控制瞳孔收缩的副交感神经系统比控制瞳孔扩张的交感神经系统的作用力更持久。因此，我猜想当你在海滩边看到心仪的对象时，你的瞳孔会扩张，但很快又会眯起来，除非这种异性的吸引力大得可以压倒一切。

NO.240

舌头上有多少末梢神经？

你注意过舌头上的味蕾吗？它们是不一样的。一个味蕾可能不止和一个末梢神经相连。一些末梢神经监测温度，其他的参与运动，有些末梢神经通过向大脑传送疼痛的信号来对受伤作出反应。颅神经也参与其中，因此舌头就像是一个末梢神经的复式枢纽。

但是根据经验，能估计出我们总共有 10 000 个味蕾，它们不仅分布在我们的舌头上，而且分布在上颚和脸颊上。每一个味蕾终端的感受器的数量为 50～150 个。

NO.241

搓碎的干酪味道比整片的要好吗？

我们舌头和口腔内的味蕾是通过食物和味蕾之间产生的化学反应来工作的。为了让这一化学反应发生，食物必须和味蕾接触。搓碎的干酪和等量的未搓碎的干酪相比，有更多的接触面。因此，搓碎的干酪和味蕾接触的面积更多，味觉也就更明显、更多样。我想补充的是，这是一种理论，你可以亲自尝试一下。

NO.242

为什么吃东西时偶尔会流鼻涕？

吃东西的时候，如果你会流鼻涕，这可能有几种原因。比如食物很烫，那么口腔内的热量会向上传递到鼻腔。鼻子里有黏液，它的重要作用是保护鼻子免受细菌的感染，当鼻腔内的温度变高，黏液流动的速度也会变快。因此吃热的东西时你会流鼻涕，这是热量的作用。流鼻涕不仅仅发生在吃热的食物的时候，辣的食物，例如一盆热乎乎的咖喱饭，也会产生同样的结果。

一小部分鼻黏液对我们的味觉来说是很重要的，因为我们对于味觉的感知，许多都来自气味。那些失去嗅觉的人（例如，当你鼻伤风的时候）常常会抱怨食物没有味道或者很难吃。这是因为我们的味觉只能尝出 4 种不同的味道：甜、咸、苦和酸。而对于介于两种味道之间的味觉，我们就只能依靠鼻子里的嗅觉感观器来体味了。

当气味和潮湿的表面接触时，会变得更浓。因为产生气味的化学物质能溶解在液体中，从而让能够感受气味的细胞更容易发现它们。这也是为什么鼻子总是湿湿的狗的嗅觉比人类的要敏感许多的原因之一。因此当我们吃东西的时候，鼻子总会分泌出一些黏液来帮助我们辨别食物的味道。

NO.243
为什么人长大后感觉时间过得特别快?

因为我们常常根据之前的经验来测量时间过得有多快。我们活得越长,我们经历的时间也越多。5 岁时,一个星期的时间看起来要比 20 岁时的一个星期长,这仅仅是因为 5 岁时和 20 岁时的状况不一样,5 岁时你还没有经历过如此长的一段时间。和之前所经历的时间相比,一个星期的时间在 20 岁时比在 5 岁时相对的短,因为在 5 岁时,一个星期的时间仍然是生命中相当有意义的一部分。

NO.244
生物学上如何解释"爱"?

如果你分析巧克力的成分,你将发现它能让人产生美好感觉的主要成分之一是一种叫作苯乙胺的化学物质。当我们受到性刺激时,脑垂体也会分泌这种化学物质,它可以使人的感受力增强并且使心跳加速。

多巴胺对于产生恋爱的感觉也有一定的作用。去甲肾上腺素能刺激肾上腺素的产生，肾上腺素反过来让心跳加速，于是多巴胺快速流经大脑，让我们觉得很舒服。大多数幸福快乐的感觉都来自苯乙胺的作用。这些化学物质放在一起，它们的作用有时候能超越负责逻辑思维的大脑的控制，从而使人陷入"疯狂"的恋爱中。

失去理性的浪漫想法被认为是在催产素的作用下产生的，这是一种基本的性刺激荷尔蒙，是极度兴奋和产生情感依恋倾向的产物。你越激动，催产素分泌得就越多。

这就是生物学上对"爱"的解释，一点儿都不浪漫，不是吗?

NO.245
为什么接触到脱脂棉，我会起鸡皮疙瘩?

有许多感觉和你描述的相似，它们有不同的名字：鸡皮疙瘩、脊柱发麻，或者我们把它描述为"毛骨悚然"。

关于鸡皮疙瘩，最普遍的解释是：这是从我们祖先那遗留下来的，那时候祖先的毛发要比我们的现在多。冷空气让皮肤的肌肉变硬，我们皮肤上短小的发毛也随之竖了起来。如果我们的毛发比较多，就能起到隔离空气、帮助人体抵御冷空气的作用。其他长毛的动物和鸟类仍然在用这种方法在寒冷时保护自己。因此，鸡皮疙瘩是一种退化的标志，这说明我们现在之所以有这样的反应是因为这在过去是有用的。

你也许已经注意到了，有些动物的毛不仅仅在遇到冷空气时会竖起来，在听到具有威胁性的声音或看到具有威胁性的事物时，也会有这样的反应，例如一只全身毛都竖起来的猫从一只狗身边逃开。这种反应能让它们看上去变得大一些从而让对手感到惊慌。对人来说，如果我们的毛发多一些，我们也会做出这样的反应，这就解释了为什么受到威胁或觉得不舒服时，我们也会起鸡皮疙瘩。

引起这些反应所需要的条件，不同的人是不一样的。有人对指甲划过黑板发出的声音敏感，而有人却没有反应。你是对脱脂棉敏感，而我也忍受不了这种东西。

NO.246
我们为什么用亲吻的方式来表达感情？

让我们区别于其他动物的一件事就是我们和他人交流的方式。我们可以用各种方式来与他人交流，其中的一些相当复杂。

交流的方式之一是语言，通过语言我们能表达复杂的想法和感情，从而让别人能理解我们。人类在群居的时代是否已经有语言了，这一点还没弄清楚。然而正是语言让我们发展了独特的文化，并生活在一起。

人类的交流方式并非只有语言一种，还有面部表情、姿势和身体接触等方式。有些动物也是有交流方式的，社会群体的规模越大，交流的方式就越复杂。例如，在社会化的人群中，修饰自己是一种重要的行为方式，这对于建立人际关系很有用。

虽然我们都能通过身体语言和互相交流来表达自己的感情，但用什么样的表达方式在很大程度上是由我们所处的文化环境所决定的。因此，亲吻是告诉对方我们对他们的感情如何的一种交流方式，但是毫无疑问，亲吻的方式，以及在怎样的情况下亲吻被认为是一种可以接受的方式，在很大程度上取决于我们的文化背景。

在这种接触式的交流方式中，嘴唇和手都能派上用场，因为手指、嘴唇和舌头上的感觉神经密度较大。这些传感器能感知食物的味道或物体的质地，并且对温度和质地非常敏感。由于它们很灵敏，亲密的情感可以通过身体这些部位的接触得到加深。

NO.247

坐游乐场里的海盗船时，
你的胃里会有什么感觉？

首先，想一想你体内的压力。在海盗船上，和在其他地方一样，重力把我们拉向地面。但是除了重力，我们还感受到由海盗船的运动所产生的压力，特别是当海盗船加速的时候。速度加快时，这种加速的作用是积极的；速度减缓时，则相反。这种令人头痛的海盗船还将在你身体的一侧产生压力。

身体感觉被推向不同的方向，具体由加速的方向来决定。但我们感觉不到两种不同的压力，我们受到的是两者的合力，海盗船的运动利用了这一点。因此，如果船向上加速，我们受到在同一个方向上（重力方向）的两种压力（重力加上船对我们的作用力），觉得身体特别重。如果船迅速向后退，两种作用力互相抵消，我们觉得身体特别轻松。

这种受力的明显变化，让我们产生了不同的感觉。从高处急速冲下来时，我们体内原本分散开连接着的器官都获得了加速度，这种感觉很有意思。在快速下落的过程中，两种压力结合后，事实向上向下的压力就被抵消了，因此我们的胃可能会有一种失重的感觉，就像沉了下去一样。

NO.248

自己胳肢自己为什么不觉得痒？

胳肢是刺激表层皮肤下面的末端神经，它让一些人大笑，另一些人向后躲。

痒的程度是由谁来挠决定的。最新的研究表明：同样是被胳肢的人，在被别人挠和自己挠时，他们脑部扫描的结果是不同的。在自己挠的情况下，大脑似乎在告诉自己：痒的感觉要来了，可以忽略它。所以自己挠时的脑部扫描结果显示：大脑中负责计划的小脑把紧急信号传达给大脑的另一个部分，提醒它有种感觉要来了。

但是，我们不得不控制这种感觉，例如，如果我们的脚一放在地上就觉得痒，那生活就没法进行了。因此，大脑处理这些不太要紧的信息时会从中挑选出重要的刺激。

进化论者达尔文对于胳肢的现象很有兴趣。他意识到，被胳肢的对象会让身体上敏感的部位躲开刺激。他认为这是一种用来保护自己免受伤害的进化机制。有趣的是，这种被胳肢的快乐感觉也会随着年龄的增长而增加。

第 9 章

数字问题

NO.249

谁发现了零?

巴比伦人以数字 60 为基础发明了一套数字系统,但是他们没有零,因此留下了一个空当。很快,他们遇到了一个问题:没有零,该如何记录 10、100、101 等数字。所以,他们不得不发明一个零来解决这个问题,他们用了一个看起来非常像我们现在用的角度符号来表示零。这个符号出现在公元前 500 年。尽管严格来说,当时它更像是一个标记而不是实际上的数字零。

真正把零当作一个数字来使用是在开始使用负数的时候。目前发现的最早使用零的记录是公元 17 世纪印度的记录。数学家和天文学家婆罗门笈多是第一个提出零和负数运算规则的人,他宣称:零加上一个负数是负数,一个正数和零的和是正数,而零加零仍为零。虽然他对于零这个概念的理解并不完全正确,但却是迈向正确理解数学的重要一步。

NO.250

零是一个偶数吗?

问得太好了!偶数的定义是:能被 2 整除的数字。这似乎证明,既然零除以 2 还是零,没有余数,那它事实上就是一个偶数。

然而,我查阅的一本数学字典里却说,偶数是 2,4,6,8 等,属于无穷整数序列的一部分。这个定义自觉将零排除在偶数之外。但我认为字典里的定义太狭隘了,因为零是一个整数,而且绝大多数数学家也认为它是一个偶数。

抽奖时改变第一次选择，
赢的机会多一些吗？

是的。看这里：你参加一期智力竞赛节目，竞赛中有 3 扇门，分别是 A，B，C。其中两扇门后面是山羊，1 扇门后面是辆新车。如果你选 A，那么节目主持人会告诉你，门 B 后面是 1 只羊，并问你是否改变主意，如果你说是，并且选择 C，那么你就有了赢得新车的更好机会。这有点神秘，但却是事实。

这是因为第一次选择的时候，相对于 1/3 选中车的机会来说，你有 2/3 的机会选中山羊；换句话说，你选错的可能性更大。因此，9 次机会中有 6 次会选中山羊。如果接下来你被告知另一扇门后面有 1 只山羊，你就能充分肯定汽车就在第三扇门后，并在剩下的 6 次机会中毫无悬念地选中它。当然，事实上，9 次机会中你也有 3 次机会在第一次就选中汽车，要是这样，改变主意事实上会让你选到山羊。

不幸的是，机会和概率的问题在你做选择前是从来都不知道的。用 3 个鸡蛋壳和 1 个 1 英镑的硬币来做试验，从观众中邀请一位志愿者，请他选一个鸡蛋壳，接着给他们看一个底下没放硬币的蛋壳，然后问他们是否想改变主意。不管他们最后是否找到硬币，把整个过程都记录下来。你会很快明白，如果他们改变主意，他们赢的次数更多。当然，如果你想赢 1 只山羊，就必须坚持你第一次的选择。

49 选 6 的彩票，如何计算中奖的概率？

这里有 49 个数字可供选择，你必须选对 6 个数字才能赢得大奖。选中第一个数字的概率是 6：49。也就是说，选中从对应 49 个数字的小球中滚落出来的 6 个小球之一上的数字。

选中第二个数字的概率是 5 ： 48。选中第三个数字的概率是 4 ： 47，以此类推，选中最后一个数字的概率为 1 ： 44。

13 983 816

将你选中这个数字的概率和选中另一个数字的概率相乘，你就算出了中奖的概率。因此，为了保证所得的数字正确，你应该把这些数字相乘：$(6/49) \times (5/48) \times (4/47) \times (3/46) \times (2/45) \times (1/44)$。这样，计算出来的中奖概率为 $1/13\,983\,816$。

因此，买彩票中头彩的概率为 1 ： 13 983 816。

NO.253

彩票连续中奖
或一生中奖两次的可能性大吗？

如果连续 11 个星期买彩票，那中奖的概率有多少？如果你这么问，那就简单很多。

我们说中奖的概率是 1 ： 10，第一个星期你会中。再一次中奖的概率是每天 1 ： 10，因此，你有可能在接下来的日子里再中一次。如果你只在下一个星期买彩票，那你中奖的概率仍然是 1 ： 10。因此，你在下一个星期里中奖的概率和在第 7 天或第 11 天是一样的。

显然，你买的彩票越多，中奖的机会也就越多，但这不能改变中奖的概率。

NO.254

如何判断一个数是否是质数？

质数都是整数，并且只能被 1 和它自己整除。如果它不是质数，那它就叫非质数，或者合数。因此，3，5，7，11 是质数，剩下的你自己也能推算出来。虽然如此，还是要提醒你，确认一个数字是否是质数并不是很容易的，特别是数字过百后。数学家费马（著名的大定理提出者）提出，如果 P 是一个质数，那么值为（P−1）的 a 减去 1，将被 P 整除。如果它不能被 P 除尽，那它就不是质数。如果能被 P 除尽，那它也不一定就是质数，因为一些合数也能被 P 整除，例如伪质数。

NO.255

一共有多少个质数呢？

质数的个数是无穷尽的，因为他们是整数，而整数是无穷尽的。但是，也许你会争辩说，质数是整数的一个子集，因此质数的个数一定会在整数的个数被弄清楚前算清，不是吗？这种争辩非常有意思，但却是不对的。因为无穷大的定义，就是整数的个数永远不会有尽头，它们将永远地延续下去，质数也是如此。

NO.256

什么是 π ？

很多人都知道：不管圆的面积如何变化，圆的周长和它的直径的比例总是同一个数字，那就是 π。π 的近似值为 3.14，但它其实是一个无限不循环小数。例如，1/4 的准确值为 0.25，但是 1/6 的值则是一个无限循环小数 0.166 666……π 也一样。如果你想保留小数点后 18 位，那 π 的值为 3.141 592 653 589 793 238，但并没有到此结束。

对于 π 的重要性的认知已有 4000 多年的历史。巴比伦人和埃及人都计算出圆周和它的直径的比值是一个固定值叫 π，尽管他们当时赋予的值只是一个近似值。在古代，π 的近似值是 3。直到公元前 3 世纪，阿基米德为科学地计算出 π 的值作出了贡献，他得出一个值相当于 3.14 的数。公元 6 世纪早期，中国和印度的数学家分别证实并继续增加了小数点之后的位数。20 世纪早期，印度数学天才拉玛努江发展了计算 π 值的方法，这些方法非常有效，它们被编入了计算机计算法则，可以将 π 的值推算至小数点后数百万位。到现在，计算机已经能算到 π 值小数点后的 2 000 多亿位，并仍将继续向后扩展。

<u>NO.257</u>

谁发明了等号？

这是一个没有答案的问题，但我们确实掌握了一些关于等号起源的线索。在大英博物馆，有一卷《莱因德纸草书》，大约 0.5 米宽，5.5 米长。虽然有些重要的部分已经遗失，但它却是我们了解埃及数学的基础，里面有最早知道的数学运算符号，其中包括最早知道的类似我们现在用的等号的符号。但是它被放在了问题之后，虽然形状有一点像现在的等号，但是两条平行线的末端却连在一起，并且处于上方的线段中部还有一个小写的字母 w 和线段挨着。因此，我们不能确定这是不是我们现在使用的等号的最早的形式。

我们今天使用的等号似乎是于 1557 年在罗伯特·雷科德编写的代数教材《砺智石》中得到广泛宣传的。他说："我将用就像在我的著作中经常用到的，一对平行线或等长的双胞线来表示相等，就是这样——"＝"。因为没有什么能比这个符号更均等了。"

第 10 章

你能否解释

NO.258

从原木上掉下来到底有多容易?

假设这是一个很严肃的问题,对此,你将得到一个完整并严肃的答案。几方面的因素共同起作用,它们将互相影响来推动或阻碍你在想象中的原木上掉下来。

你的平衡感、原木的打滑度,以及你的鞋子和原木之间的贴合度,都是需要考虑的问题。原木的大小也很重要,小木头的稳定性没有大的好。小的原木更容易滚动,需要人有更好的平衡感,因此更容易从上面掉下来。

你可以尝试着用一条腿站在原木上来测试自己的平衡感。如果你想更容易地从原木上掉下来,那么你可以在站到原木上之前,先转几个圈把自己的平衡感破坏掉。

不同原木的特性也会影响原木的打滑度。例如,白桦树的树皮要比橡树的光滑许多,因此贴合度就会降低。

原木上藻类植物的数量也是一个影响因素，这是由木头的湿度决定的，原木越湿，你从木头上滑落下来的可能性就越大。

最后，你穿的鞋子也很重要。如果他们的贴合度不好，和原木接触的面积微乎其微，那么你将更容易从原木上掉下来。鞋底好的平跟鞋能把水排出，防止鞋底与原木表面之间形成水膜，增强你和原木之间的摩擦力。试着穿锥子——没有鞋底、极少的接触面积、严重的平衡障碍，这样会使你更容易地从原木上掉下来。

人的重心通常是在肚脐附近。如果你弯下腰，那么你的重心到地面构成的一条垂线就超出了你的基点（这意味着这条线没有经过你的双脚），那么，很快你就会掉了下来，除非你移动你的双脚。你的个子越高，你的重心也就越高，那么在你将需要花费更多的时间来找平衡。显然，大一点的脚会让你站的更稳。所以，一个高个子但长着小脚的人比一个矮个子但脚大的人更容易从原木上滑下来。

NO.259

如果你发现后面的车即将撞上你的车，该迅速刹车吗？

我个人认为应该选择迅速松开刹车。

冲击力是造成伤害的原因。当一个物体撞上另一个物体时，第一个物体的动量势必会被减小，而这必须通过一段或长或短的时间。

动量的变化是力和力作用于物体上持续的时间共同作用的产物。所以，假设给定一个动量，那么冲击力的时间越长，感受到的力就越小；冲击力的时间越短，感受到的力就越大。这和跳起来然后落下的原理是一样的：如果你屈膝，那就增加了人体和地面撞击的时间，疼痛感就会减小；如果你挺直膝盖，跳的动作突然停止，你就有可能会受伤。所以松开刹车能减小冲击力。

NO.260

为什么高尔夫球的表面凹凸不平？

凹凸的表面可以使空气在球的四周产生湍流，如果不是这样，球的后面将形成一股涡流，其作用就像是把球往后拖，让球的速度变慢。因此，表面凹凸不平的球飞得更快。

这和柏努利法则相关。想象一下：一个球在你面前自右向左滑过。表面的凹槽隔离空气，如果球沿顺时针方向旋转，那么球顶部的凹槽将使周围的空气加速（因为它们随着气流旋转），而球底部的凹槽则相反，它们让速度减慢。柏努利法则认为，当空气被加速时，它的压力就减小。因此，球顶部的表面受到的压力减小而底部的压力加大，这叫作挑球。如果你能像网球运动员那样让球反方向旋转，那么球顶部的压力增加而底部的压力减小，这会让球明显地下落。

NO.261

地球在转动，
为什么你跳起后还落在原地？

如果你坐着飞机一直在伦敦上空盘旋，那么当你下飞机的时候，你会在巴黎吗？当然不会！没错，地球是在旋转的，而且牛顿因为你没有正确理解他的能量守恒定律而躲进了墓地。

事实上，即使你坐在加满油的直升机里垂直上升，你也不能脱离地球轨道。这都和动力有关。当你站在地球表面，赤道正以 530 千米／小时的速度转动，因为你和地球接触，也获得了角动量。根据牛顿定律，动量是守恒的。换句话说，动量不会被创造出来，也不会消失，它只在力的作用下改变，正如牛顿的运动定律。如果你跳起来，你也无法消除你身体的动能，这很简单。如果你想要证明，只需就地跳一下。你下方的地球在旋转吗？你落在同一个地方吗？答案是肯定的。

在直升机里也是一样的，它的角动量除了力的作用外也无法改变。如果你想让直升机移动，你需要打开节流阀来提供那些力，然后你就能旅行了。但如果只是盘旋，那你哪也去不了。

NO.262

蜜蜂可以在开动的汽车里照常飞行吗？

在车里你会怎么样，蜜蜂也会怎么样。当汽车开动时，汽车内的空气并没有被甩到了车尾。这是因为，当汽车加速时，车内的空气也具有了相同的速度，因此两者的相对运动没有改变。相对车内的空气，蜜蜂在盘旋，并一直保持下去。既然车内的空气相对于汽车来说并没有运动，那么蜜蜂相对于汽车来说也仍将待在原地。

NO.263

当鹦鹉在笼子里飞时，
笼子的重量会减轻吗？

是的，总重量会变轻，这真令人惊讶。当鹦鹉停在栖木上时，总重量是笼子的重量和鸟的重量之和。当鸟开始飞时，它的分量就不再计入笼子的重量，因此笼子的重量就减轻了。

然而，如果鸟是在一个密封的容器中（严重警告：不要在家这样尝试），笼子的重量将维持不变。这是因为，当鹦鹉飞的时候，它会扇动翅膀，翅膀每扇动一次，就将和它重量相同的空气向下推。在一个透气的鸟笼里，这些空气将流散开来，因此对于鸟笼的重量不产生任何作用力。我们再一次回顾了牛顿定律和能量守恒定理。

NO.264

如果单脚站在体重器上，
你的体重会减轻吗？

即使一只脚站在体重器上，你的体重也永远都不会减轻。

体重是一种压力的测量，力的大小等于压力乘以受力面积。因此，如果你是用一只脚代替两只脚站在体重计上，那么尽管体重计上的受力面积减少了，但作用于受力面积上的压力却相应地增加了。所以，你的体重仍然不变。

NO.265

两只脚分别放在两台体重器上，
加起来的体重仍会不变吗？

如果你有两台体重器，你的两只脚分别放在上面，那么测出的体重将由脚和体重器接触的面积和作用于体重器上的压力来决定，但综合的重量应该加在一起才是你的体重。如果你这样去尝试了，但你的体重却不是两台体重器上指示值加在一起的值，那么这应该是体重计的问题，而不是计算法则的问题。尝试一下吧。

第 11 章

大脑风暴

NO.266

人类只开发出大脑的10%的区域吗？

先让我们想想在我们的头骨之下拥有的是一件多么非凡的工具吧！如果你是从这本书的开头开始读起的，你就已经让你的大脑经历了相当大的练习了。通过对问题和答案付出那么多的思考，你已经获取了极大的信息量，而所有这些都发生在你的头骨内部那仅仅1千克重的一个构造里。请注意，它可是一个1千克重的饥渴的家伙。

平均一个人的大脑中有1000亿个神经元，这几乎是地球人口的十多倍。这些神经元细胞是信息的传播者和接收者，它们接受微电流并在需要时传输微电流。它们是整个神经系统的基础。例如，如果你戳自己的手指头，将会有一股信息流通过神经从你的手指传向大脑再返回，最终告知你手指受伤了。

对于人体所有的神经元来说，大脑是一个主要的能量消耗者。所有那些神经元就像是小电池，而当它们传递完它们的电荷后，就必须被替换掉。所有能量必须来自于某些地方，而已经计算出人体总能量的20%～30%是被大脑消耗掉的。换一个方式来说——你餐盘里超过1/5的东西都被用来维持大脑的运转。

说大部分的大脑无用，是一个谬论。想一想：人类的身体已经完美地进化到可将它自身缩小到最高效工作状态的机械的一部分。那为什么作为一个运转着的东西怎么会有空闲的大脑这种情况，却没有一个好的理由呢？这就是进化论者所争论的问题。

但确实不是全部的大脑都在一直运转。一小部分大脑在你不使用它们的时候会进入一个停顿的状态，比如当你闭着眼睛睡觉或听音乐时，在这个时候，你仅利用了脑力的一小部分，这是有可能的。但如果电话响了，你跳起来去接电话时，所有的那些神经元会突然进入活动状态，而不会再有多少还将保持着深度睡眠状态。

NO.267

为什么人的眼睛、
耳朵成双成对，嘴却只有一张？

你或许以为大脑在处理事情时能力不同，它更擅长帮助我们识别味道，所以有一张嘴就够了。而听和看需要大脑更多的支持。刚好相反，这是因为我们的大脑是那么的聪明，以至于我们都已经进化出了两只耳朵和两只眼睛。这都是为了辨别我们相对于其他人和物体来说所处的位置。这曾经是（并仍然是）人类一个重要的生存技能。例如，如果你不能清楚地看到悬崖的边缘，你就不能判断它到底有多远。

在某种意义上说，我们的耳朵和眼睛是相似的，因为它们任何一个都会为我们提供一个略有不同的映像。如果你把某个东西靠近自己，并轮流闭上一只眼睛，你会在每一只眼睛所看见的图像里，发现一点点的不同之处。声音也是一样。而这种视觉和听觉上细小的区别，会帮助我们确定任何特殊目标的位置或声音的来源。而另一方面，我们的嘴在方向判断上并没有扮演什么角色，这也可能是为什么我们仅有一张嘴的原因吧。总之，想象一下有两张嘴的生活。决定哪一张嘴来吃食物可能是非常有趣的——厚此薄彼吗？这也意味着完美的声音会同时从两个地方出来，这会使得耳朵的方向判断工作变得更难了。

NO.268

聪明的爱因斯坦的大脑比常人的大吗？

智力和大脑的大小无关，而爱因斯坦也证明了这一点。爱因斯坦是一个小额头的人，而不是大额头的人，因此，相对地，他有一个较小的大脑——事实上，他的大脑甚至比人类大脑的平均尺寸还要小。使爱因斯坦特别的聪明，并使很多人要比其他人聪明的关键是他们大脑里神经元连通的能力。你能连接的越多，你就越聪明。这和你大脑的自然尺寸没有什么关系。要知道，有着超过地球上人数 20 多倍的神经元在你的大脑里，而你使得那么大数量的神经元互相接触的越多，你就会越聪明。顺便说一下，神经元可是我们身体里最长寿的一些细胞了，其中一些甚至会伴你一生。教你一个了解你大脑中神经元数量的方法，如果把一张纸当成你的每一个神经元，然后把每张纸叠加起来，最终你将会得到一个 8 850 千米高的纸塔，是珠穆朗玛峰的 1 000 倍。

NO.269

什么是脑电波？

你的大脑一直在体验着脑电波，但那并不代表总是充满了好主意。电波在神经元间不断地传播，其中的一些比其他的有着更高的频率，而这个频率就决定着脑电波执行的任务。一般认为有 4 种脑电波：α，β，θ 和 δ。

如果你忙碌时、努力地思考时、试图解决某些事或在压力下回答问题时，你正在释放每秒 20～40 转的 β 脑电波。假如你在参加测验，那你的头脑里会充满了 β 脑电波。一旦你松弛下来那些脑电波就会减弱到每秒钟 10～14 转，并且将由 β 脑电波转变成 α 脑电波。如果你正在做一些你发现相当困难的事情，坐下来并做一个深呼吸来把它想透，现在你的头脑里正在发出 α 脑电波。它们是放松情绪的产物。

如果你滑落到了一个更低迷的精神状态，你的脑电波会下降到大约每秒钟 5 转，而当你开始做白日梦时 θ 脑电波会接管你的大脑。如果人们对你说，"你看起来心不在焉啊"，那是因为我们的大脑里充满了 θ 脑电波。处于 θ 脑电波的状态里会非常的放松，这就是为什么人们总是声称他们的好主意都是在浴缸里想出来的。

一旦脑电波下降到每秒 2 或 3 转，你会进入 δ 脑电波的状态。出现这种情况的机会是你处于深沉、无梦并爽快的睡眠之中，而且睡眠越深频率越低。但不要让脑波降到 0——那是脑死亡的专属状态。

NO.270

为什么会有脑子要炸开的感觉？

在我们头痛时，有时会觉得脑子要炸开了，你一定觉得这是大脑痛苦的表现，实际上，你的大脑根本不会感觉到任何痛苦。我不会建议你去让一个神经外科医生拿他的解剖刀来对付你的大脑，但如果他已经把它切开了，你也不会感觉到什么，哪怕你都没有打麻醉剂。事实上，脑科手术有时是在病人有意识的状态下完成的，通过问问题（例如"你能听清楚吗？""看得清楚吗？"）外科医生可以判定他在处理的大脑的精确范围。我们的大脑生来就被头骨很好地保护着，因此它不会像身体的其他部位一样感觉到压力和疼痛。因此在你头痛时，并不代表你的大脑受伤了。

相反，可以把头痛当成一个要告诉你一些东西的预警标志。它可能在提示你，你的身体某个部位的情况不太对劲。可能是饥饿、醉酒、疲劳或是肌肉的情况。所有这些都可以担当一个发送警示信息到你大脑里的触发器。

这些信号的影响通常是造成脑血管的膨胀，这些血管膨胀也会发送疼痛信息给大脑，从而使你有一种头痛的症状，也使得你头骨里有一种被压迫的感觉。

NO.271

为什么有时吃了一块
太大的冰激凌后会头痛？

你也许以为解释这个现象相当简单，可实际上目前在科学界还没有得出一个最终的结论呢。他们只能大概确定的一点是，几乎所有人会在今天或明天遭受到这种情况，可这不表示你有什么问题。我们可以假定冰冷刺激了处于前额骨之下窦窝里的神经，为直接通向大脑疼痛中枢的神经通路提供了一个捷径，从疼痛中枢传播出头痛的信号。这些窦窝对冰冷的东西非常敏感，它确实会被持续的寒冷伤害，但绝不会持续很长时间。下次吃更小块的冰激凌吧！

NO.272

脑细胞死亡后会再生吗？

完整的神经系统是在你还待在妈妈子宫里的时候就已经形成的，而这个神经系统也会伴你度过一生。在你出生前的第九个月，你将以每分钟 250 万个这种惊人的速度生长出神经细胞，而这些神经细胞将维持你的一生，因为身体不会再生长出它们了。当然，随着你的成长，你的大脑也会变大，但这不是因为你在生长出更多的神经细胞的缘故，而只是由于细胞自身在增大。就像你的肌肉细胞经受的锻炼越多，它们就会变得越大，脑细胞也是如此。

没有什么办法可以阻止脑细胞的损失。当你长到十几岁之后，它们就开始慢慢凋亡，它们的消失速率也是惊人的，每天 50 000 个。当你 80 岁时，你已经损失了 10% 的脑细胞。不过你可以做一些补救，因为神经元会对训练做出回应，并且在受到激励的情况下与其他神经元形成特别的链接。把你的大脑当成肌肉一样锻炼，来保持它的健康吧。

NO.273

大脑袋是聪明人的标志吗？

当然不是。聪明与否和你的脑袋大小完全没有关系，就像爱因斯坦一样。即使你的脑袋有澡盆那么大，也不意味着你就比一个脑袋只有厨房里杯子那么大的人聪明。使你聪明的东西是脑细胞彼此连结的数量，因此聪明程度确实和脑袋大小没什么关系。

NO.274

我们的大脑分为两个吗？

如果你非要这样去认为，那我们确实有两个分别叫作右脑和左脑的大脑，虽然科学家们会指出它们实际上就是一个大脑，只是中间有道深沟，而且每边都和对方以一条很粗的神经纤维相连。大脑的两边负责不同的工作。左脑负责阅读、书写和计算，也控制着语言。任何必须以合理的行为或思考方式去做的事都是左脑的工作。而右脑控制着你怎样去观察并且感受事物。直觉就存在于这里，这也是右脑被看作是创造性半脑的原因之一。

如果你的左脑比右脑发达，处于支配地位，那你趋向于成为一名科学家、法官、银行家或图书管理员，因为你喜欢一种有条理、有规律的思考方式。右脑支配者更擅长于运动和艺术，热爱幻想、爱写小说，而且他们也往往很喜欢猫（由于某种原因）。

有一些研究指出，大部分男性有一个更发达的右脑，而大部分女性是左脑占优势。你可以以此比对你自身的情况。

NO.275

人类大脑运转方式与计算机一样吗？

要将人类的大脑和计算机做对比是非常困难的，因为它们是以完全不同的方式运转的。计算机是以线性方式工作，用它的处理器在一个时间执行一个职能。它的速度部分来自于它运用巨大存储器的能力。而大脑包含了大量——以 10 亿计——的相当于处理器的人类形态的神经元。它们相互连结着，共同完成大脑的职能，虽然也是非常快，但却和计算机那种系统、有序的工作方式不同。这就是为什么大脑在处理某些事情例如识别目标、颜色和声音上要快得多，而一个简单的计算器却在处理加减乘除上远比人类的大脑要快。大脑和计算机是完全不同的工具。

NO.276

大脑存储量比电脑大吗？

这是一个无法解答的问题，因为根本无从比较。计算机里的信息存储在分离的扇区，而大脑需要通过在神经元间创造网络来完成它的各种职能。因此，对于计算机来说，能很容易测量出它的存储量，因为你可以计算出分离扇区并以字节数来衡量它们。但大脑则需要随着外界施加给它的需求的变化，而不断改变大脑内部的工作方式。换句话说，没有办法来计算它，因此也不能给出一个确切的数值。

NO.277

人类的大脑是地球上最大的吗？

严格来说人类的大脑确实不是地球上最大的，这个星球上最大的动物蓝鲸有着最重的大脑。它有一个 6 000 克的大脑来支配它那相当于 25 只大象重量的庞大的身躯。这样比较起来我们大脑就很微不足道了，但人类大脑与自身体重的比值要大于地球上的任何一种生物，这也许就是为什么蓝鲸没有统治世界的原因。

NO.278

大脑在低氧情况下能存活多久?

根本不会有多长时间的。当然,确切的时间要依赖于许多因素来确定。但在 10 分钟后,人的神经细胞估计会受到相当大的损伤。那就是为什么医生总是那么急切的要确定突发病人是否还在呼吸,并且在他们考虑其他任何因素之前先要提供一个适当的氧气供给,这是必须要做的。

事实上,大脑就是一个嗜氧者,它消耗了我们所吸进的全部氧气的 20%。

NO.279

吃鱼会变聪明吗?

确实会有一些能够提高你的大脑工作效率的食物,而鱼显然就是其中之一,特别是像金枪鱼、鲱鱼和马鲛鱼这样的鱼。但大脑主要的需求还是一个有规律的葡萄糖供应,例如,如果你没有吃早餐,你就不会非常顺利地启动你的大脑来面对这一天。研究表明不吃早餐会在整个早晨让功课变得更难。但要小心你摄入的是哪一种形式的葡萄糖。碳酸饮料和巧克力块就不会像鸡蛋、面包或谷物之类的"合理膳食"起到那么好的作用了。鸡蛋尤其好,因为它们能促进那些有助于信息在神经细胞间传递的化合物质的产生。垃圾食品不仅会让你增加体重,而且在一个对照实验中发现以垃圾食品为饲料的老鼠比以正常食物为饲料的老鼠更难走出迷宫。事实证明确实有些食物能使人变得更聪明。

世界上最难回答的问题